Educação Escolar Brasileira

ESTRUTURA – ADMINISTRAÇÃO – LEGISLAÇÃO

2ª Edição - Atualizada e ampliada

Dados Internacionais de Catalogação na Publicação (CIP)
(Câmara Brasileira do Livro, SP, Brasil)

Santos, Clóvis Roberto dos
   Educação escolar brasileira : estrutura,
administração, legislação / Clóvis Roberto dos
Santos. - 2. ed atual. e ampl. - São Paulo :
Cengage Learning, 2011.

   Bibliografia
   1. reimpr. da 2. ed. de 2003.
   ISBN 978-85-221-0329-4

1. Educação, 2. Educação - Brasil 3. Educação -
Leis e legislação - Brasil 4. Professores -
Formação profissional I. Título.

02-5008　　　　　　　　　　　　　　CDD-370.981

Índice para catálogo sistemático
1. Brasil : Educação 370.981

Educação Escolar Brasileira

ESTRUTURA – ADMINISTRAÇÃO – LEGISLAÇÃO

Clóvis Roberto dos Santos

Educação Escolar Brasileira

ESTRUTURA – ADMINISTRAÇÃO – LEGISLAÇÃO

2ª Edição - Atualizada e ampliada

Austrália • Brasil • México • Cingapura • Reino Unido • Estados Unidos

Educação Escolar Brasileira: Estrutura, Administração, Legislação - 2ª edição - Atualizada e ampliada

Clóvis Roberto dos Santos

Gerente Editorial: Adilson Pereira

Editora de Desenvolvimento: Eugênia Pessotti

Supervisora de Produção Editorial: Patrícia La Rosa

Revisão: João Guimarães

Composição: Página Um - Design Gráfico e Editorial
Virtual Laser Editoração Eletrônica Ltda.
(2ª edição 2003)

Capa: Página Um - Design Gráfico e Editorial

© 1999 Cengage Learning Edições Ltda.
© 2003 Cengage Learning Edições Ltda.

Todos os direitos reservados. Nenhuma parte deste livro poderá ser reproduzida, sejam quais forem os meios empregados, sem a permissão, por escrito, da Editora. Aos infratores aplicam-se as sanções previstas nos artigos 102, 104, 106 e 107 da Lei nº 9.610, de 19 de fevereiro de 1998.

Esta editora empenhou-se em contatar os responsáveis pelos direitos autorais de todas as imagens e de outros materiais utilizados neste livro. Se porventura for constatada a omissão involuntária na identificação de algum deles, dispomo-nos a efetuar, futuramente, os possíveis acertos.

A editora não se responsabiliza pelo funcionamento dos links contidos neste livro que possam estar suspensos.

Para informações sobre nossos produtos, entre em contato pelo telefone **0800 11 19 39**

Para permissão de uso de material desta obra, envie seu pedido para **direitosautorais@cengage.com**

© 2003 Cengage Learning. Todos os direitos reservados.

ISBN-13: 978-85-221-0329-4
ISBN-10: 85-221-0329-1

Cengage Learning
Condomínio E-Business Park
Rua Werner Siemens, 111 – Prédio 11 – Torre A –
Conjunto 12 – Lapa de Baixo – CEP 05069-900 –
São Paulo – SP
Tel.: (11) 3665-9900 – Fax: (11) 3665-9901
SAC: 0800 11 19 39

Para suas soluções de curso e aprendizado, visite
www.cengage.com.br

Impresso no Brasil
Printed in Brazil

Homenagem

A José e Maria (*in memoriam*), meus pais; a Maria Apparecida (Tida), minha mulher; a Clóvis, Márcia e Liliana, meus filhos, Cid, meu genro, pelo estímulo, com reconhecimento e amor.

Ao Dr. Osvaldo Henrique Hack, chanceler da Universidade Presbiteriana Mackenzie, pela apresentação deste livro.

"A Educação abrange os processos formativos que se desenvolvem na vida familiar, na convivência humana, no trabalho, nas instituições de ensino e pesquisa, nos movimentos sociais e organizações da sociedade civil e nas manifestações culturais."

Artigo 1º, *caput*, da LDB.

"...A Educação Escolar é a 'que se desenvolve, predominantemente, por meio do ensino em instituições próprias'; e 'deverá vincular-se ao mundo do trabalho e à prática social'."

Artigo 1º, §§ 1º e 2º, da LDB.

APRESENTAÇÃO

É um grande privilégio apresentar a obra do Prof. Clóvis Roberto dos Santos, que prestou relevantes serviços à Universidade Presbiteriana Mackenzie.

Após alcançar grande êxito com sua obra *Baú Mágico Pedagógico*, o autor aborda uma temática necessária e complexa, ao apresentar e discutir a estrutura, administração e legislação da educação brasileira.

Sabemos que a escola atual é um modelo ultrapassado para a promoção da educação e aprendizagem. Ela foi criada para a sociedade industrial e ainda não se adaptou à sociedade do conhecimento e da informação. A legislação, muitas vezes, padroniza e uniformiza a escola de tal maneira que limita as possibilidades de trabalhar com as diferenças individuais, aptidões e estilo de aprendizagem. Diante do complexo quadro educacional brasileiro, o leitor encontrará orientação quanto à estrutura e funcionamento do ensino, com explicações e aplicações de nossas leis que definem as diretrizes da educação nacional.

O autor também se preocupa em oferecer a legislação pertinente, apresentando comentários sobre as expressões pedagógicas e administrativas, tornando a leitura acessível e aprazível.

A contribuição do Prof. Clóvis Roberto dos Santos é atualizada e valiosa para todos quantos buscam entendimento e embasamento legal para discutir, interpretar e aplicar a legislação brasileira na esfera da educação escolar.

Osvaldo Henrique Hack
Chanceler da Universidade Presbiteriana Mackenzie

SUMÁRIO

Introdução 17

Primeira Parte

I - Estrutura e Funcionamento do Ensino:
   Origem da Matéria 21

II - A Educação Brasileira na Ordem Constitucional 25
   1. Conceituação e Esboço Histórico 25
   2. A Educação nas Constituições de 1824 a 1967/69 27
   3. A Educação na Constituição de 1988 31

III - Sistema de Ensino 39
   1. Conceito de Sistema 39
   2. Sistema de Ensino 40
   3. Sistema de Ensino Brasileiro 42

IV - Lei de Diretrizes e Bases da Educação Nacional (LDB):
   contextualização sócio-histórica 47
   1. Aspectos Históricos e Constitucionais 47
   2. Primeira LDB 49
   3. A Atual LDB 51
   4. Leitura: Você Sabe o que é LDB? 52

V - Níveis e Modalidades de Educação e Ensino 57
   1. Primeira LDB — Lei de Diretrizes e Bases da Educação
      Nacional 57
   2. Segunda LDB — Lei de Diretrizes e Bases da Educação
      Nacional 60

2.1- Níveis 60
   2.1.1- Educação Básica..60
   2.1.2- Educação Superior 64
2.2- Modalidades 66
   2.2.1- Educação de Jovens e Adultos 66
   2.2.2- Educação Profissional....................................67
   2.2.3- Educação Especial..67
Leituras 70
A- "A Educação Pré-escolar: Breves Informações 70
B- "A Educação Especial: Breves Informações.................76

VI - Os Profissionais da Educação...................................83
   1. Comentários...83
   Leituras 88
   A- Magistério...88
   B- Docentes 90
   C- A Ética e a Moral do Profissional da Educação.......92

VII - Recursos Financeiros para a Educação.....................97

Segunda Parte

VIII - Índice Alfabético dos Principais Termos e Expressões
   da ldb e Comentários Pertinentes 105

Anexos – Legislação do Ensino

1. Constituição da República Federativa do Brasil:
   da Educação (artigos 205 a 214).........................141
2. Emenda Constitucional nº 14/96: Modifica os artigos
   34, 208, 211 e 212 da Constituição Federal e dá nova

Sumário

      redação ao art. 60 do Ato das Disposições
      Constitucionais Transitórias...146
3. Lei nº 9.131, de 24 de novembro de 1995: Altera
    dispositivos da Lei nº 4.024, de 20 de dezembro de 1961 149
4. Lei nº 9.394, de 20 de dezembro de 1996: Estabelece as
    diretrizes e bases da Educação Nacional................................156
5. Lei nº 9.424, de 24 de dezembro de 1996: Dispõe sobre
    o Fundo de Manutenção e Desenvolvimento do Ensino
    Fundamental e de Valorização do Magistério.................192
6. Decreto nº 3.860, de 9 de julho de 2001: *Dispõe sobre a
    organização do ensino superior, a avaliação de cursos e
    instituições, e dá outras providências* 203
7. Decreto nº 2.208, de 17 de abril de 1997: *Regulamenta
    o § 2º do art. 36 e os arts. 39 a 42 da Lei nº 9.394,
    de 20 de dezembro de 1996.* 220
8. Decreto nº 2.494, de 10 de fevereiro de 1998: *Regulamenta
    o art. 80 da LDB (Lei nº 9.394/96)*..225
9. Resolução CP nº 1, de 30 de setembro de 1999: *Dispõe
    sobre os Institutos Superiores de Educação, considerando
    os art. 62 e 63 da Lei 9.394/96 e o art. 9º, § 2º,
    alíneas "c" e "h" da Lei 4.024/61, com a redação
    dada pela Lei 9.131/95* 230
10. Resolução CNE/CEB nº 1, de 5 de julho de 2000: *Estabelece
     as Diretrizes Curriculares Nacionais para a Educação de
     Jovens e Adultos* 238
11. Resolução CNE/CP nº 1, de 18 de fevereiro de 2002: *Institui
     Diretrizes Curriculares Nacionais para a Formação
     de Professores da Educação Básica, em nível superior,
     curso de licenciatura, de graduação plena* 246
12. Resolução CNE/CEB nº 2, de 11 de setembro de 2001:
     *Institui Diretrizes Nacionais para a Educação Especial na
     Educação Básica* 256

Bibliografia 267

INTRODUÇÃO

Ao ministrar aulas de estrutura e funcionamento do ensino, administração escolar e legislação do ensino em diversos cursos superiores, sentia sempre as dificuldades de os alunos entenderem a matéria, mormente porque ela se embasa, fundamentalmente, em leis, decretos e outras normas regulamentadoras da Educação Escolar Brasileira. Por isso, ao longo do tempo, fui organizando apostilas com textos didáticos sobre as unidades do programa a serem desenvolvidas. Aproveitei algum material e escrevi textos sobre a nova LDB e assim "nasceu" este livro.

A introdução da matéria "estrutura e funcionamento do ensino" nos currículos de nossas escolas foi minha primeira preocupação, constituindo o Capítulo I. Segue-se a educação brasileira na ordem constitucional, fazendo um pequeno retrospecto desde a 1ª Constituição, a de 1824, até chegarmos à atual, de 5/10/1988.

Enfoquei, também, a idéia de sistema, partindo do conceito geral até o de sistema de ensino, com destaque para o brasileiro, baseando-me na nova LDB.

A seguir, e até o final, analiso os capítulos da Lei 9.394/96 (LDB), contextualizando-a social e historicamente, para depois comentá-la em: níveis e modalidades da educação e ensino; os profissionais da educação; e os recursos financeiros para a educação.

Anexei o texto da LDB, outras leis, decretos e algumas normas regulamentadoras do Conselho Nacional de Educação (CNE).

Um índice alfabético, de termos e expressões da LDB, com comentários pertinentes, é anexado para auxiliar o estudo e o entendimento do texto legal.

Primeira Parte

I

Estrutura e Funcionamento do Ensino: Origem da Matéria

A matéria[1] Estrutura e Funcionamento do Ensino foi fixada pelo CFE (Conselho Federal de Educação), Parecer CFE 252/69, que dispôs sobre o currículo do curso de Pedagogia. Antes, porém, o mesmo Conselho havia proposto pelo Parecer 292/62, que tratava das matérias pedagógicas das licenciaturas, um novo enfoque para a disciplina[2] *Administração Escolar*, cujo trecho de maior interesse vai transcrito abaixo:

"A fim de que o futuro mestre conheça a escola onde atuará, prescreve-se a *Administração Escolar* estudada não em profundidade, que para tanto existem cursos mais apropriados, porém com uma fixação de elementos relacionados com os seus *objetivos*, a sua *estrutura* e os principais aspectos de seu *funcionamento*. Para tornar presente a influência do meio, que se projeta no comportamento dos professores e alunos e define a própria escola, pode-se indicar matéria especial ou fazê-lo indiretamente, através mais uma vez da

---

1 Matéria: campo específico de conhecimento que, de acordo com a natureza e objetivos, deverá ser definida pela escola, na organização do seu currículo pleno – Parecer CFE 857/71;

2 Disciplina: é uma forma de organização da matéria para torná-la didaticamente assimilável; sistematização de conhecimentos – Resolução CFE 08/71.

Administração. Optamos pela segunda hipótese, fiéis ao propósito de fixar um mínimo que, além da sobriedade, tenha a virtude de não interferir demais na parte do conteúdo. Mesmo porque desta forma se torna possível, em estudo para assim dizer introdutório, dar uma visão unitária do binômio escola-sociedade expresso no que imaginamos seja uma autêntica *Administração Escolar Brasileira*, uma administração em que se focaliza a escola e em primeiro plano, a escola média, pelas suas múltiplas conexões com a comunidade local e nacional".

Com a vigência da Lei 5.540/68 (Reforma do Ensino Superior), o CFE teve de fazer uma revisão do Parecer 292/62, já citado, aprovando um outro, de número 672/69, cujo trecho que mais interessa segue abaixo:

"A julgar pela experiência colhida, apenas duas explicações se tornam aconselháveis no momento em que se procede à revisão dos mínimos de conteúdo e duração a serem observados nos cursos superiores correspondentes às profissões reguladas em lei: uma se refere ao que então se denominou *Administração Escolar* e a outra à posição relativa, em termos de tempo, da formação pedagógica no currículo de cada licenciatura. O Parecer CFE 292/92 encarou a Administração Escolar em sentido muito estrito, visando, apenas, a que 'o futuro mestre conheça a escola onde atuará'. Daí a advertência de que seu estudo deveria ser feito 'não em profundidade, que para tanto existem cursos mais apropriados, porém com uma fixação de elementos relacionados com os [...] objetivos, a [...] estrutura e os principais aspectos de [...] funcionamento do ensino de 2º grau'. Como, na prática, o aspecto administrativo acabou predominando sobre a preocupação específica do ensino de 2º grau, a solução é deixar expresso no próprio título o que se pretende, substituindo o nome de *Administração Escolar* pelo de *Estrutura e Funcionamento do Ensino de 2º grau*".

Com o advento da Lei 5.692/71 (Reforma do Ensino de 1º e 2º graus), o CFE edita o Parecer 45/72, em que aparece a matéria *Estrutura e Funcionamento do Ensino de 1º grau* como obrigatória no currículo do curso do Magistério (2º grau) para a formação de professores para as quatro primeiras séries do 1º grau. O próprio CFE fez o seguinte esclarecimento sobre a matéria: "Em Estrutura e Funcionamento do Ensino de 1º grau deverão ser focalizados os aspectos legais, técnicos e administrativos no nível escolar em que o futuro mestre irá atuar e a vinculação da escola no respectivo sistema de ensino".

Completando a idéia acima, o CFE aprovou novo Parecer, o de nº 349/72, que fixou o seguinte sobre a matéria:

"A Estrutura e Funcionamento do Ensino de 1º grau será estudada a partir dos fundamentos legais, técnicos e administrativos do nível escolar em que o futuro mestre irá atuar. Deve o futuro professor saber utilizar os conhecimentos adquiridos no estudo do diagnóstico do sistema educacional do Brasil, tomando conhecimento dos problemas, suas causas e conseqüências, a fim de que, ciente de sua parcela de responsabilidade, procure solucionar ou atenuar os problemas diminuindo seus efeitos. Indispensável, por exemplo, é desenvolver a habilidade no manuseio de dados gráficos e medidas estatísticas utilizadas em educação, proporcionando condições favoráveis à formação de uma atitude crítica e objetiva em face dos fatos, problemas, soluções e decisões".

Voltamos, agora, ao Parecer CFE 252/69, aprovado em 11/4/69 (Reforma do Curso de Pedagogia). Nele, o Conselho propôs que o currículo do curso de Pedagogia tivesse duas partes: uma comum e a outra diversificada. A primeira compreenderia as seguintes matérias: Sociologia Geral, Sociologia da Educação, Psicologia da Educação, História da Educação, Filosofia da Educação e Didática. A segunda, para as cinco habilitações propostas: Orientação Educacional, Administração Escolar, Supervisão Escolar, Inspeção Escolar e Ensino das Disciplinas e Atividades Práticas dos Cursos Normais (Magistério de 2º grau), previa um rol de matérias específicas para cada uma, sendo que Estrutura e Funcionamento do Ensino de 1º grau seria obrigatória para todas as habilitações e Estrutura e Funcionamento de Ensino de 2º grau só não seria obrigatória para a habilitação Magistério.

Para finalizar, convém fazer uma distinção entre Estrutura e Funcionamento da Escola e Estrutura e Funcionamento do Ensino.

O Prof. Samuel Rocha Barros[3] tem uma explicação que nos parece convincente:

"A Estrutura e Funcionamento da Escola se refere, mais adequadamente, à administração escolar, ou seja, da administração aplicada a um tipo especial de organização: a Escola. No segundo caso, trata-se da Estrutura e Funcionamento do Ensino propriamente dito. Enquanto uma se preocupa com a Escola (Instituição), a outra com o Ensino (Processo)".

Com a nova LDB,[4] outra nomenclatura virá, como: Estrutura e Funcionamento da Educação Básica, ou do Ensino Fundamental, Médio ou da Educação Superior etc.

---

3 In: *Estrutura e Funcionamento do Ensino de 1º grau*. Rio de Janeiro. Francisco Alves, 3ª ed., 1985, p. 17.

4 Lei 9.394, de 20 de dezembro de 1996.

II

A Educação Brasileira na Ordem Constitucional

1. Conceituação e esboço histórico

O que é Constituição? É a pergunta, nem sempre fácil de responder, feita nas escolas de ensino fundamental. A resposta mais comum é a clássica: *"a lei ou carta magna de um país"*, o que obviamente pouco explica aos alunos.

Raymundo Faoro (1981:16) tem uma definição melhor e mais completa, porém um pouco complexa, carecendo de explicações: *"A Constituição é a suprema força política de um país, nas suas normas e valores, coordenadora e árbitro de todos os conflitos, sempre que fiel ao poder constituinte legitimamente expresso"*.

Esse moderno conceito de Constituição teve seu início a partir do final do século XVIII, quando, na Europa Ocidental, a burguesia, já endinheirada, não detinha o poder de governar, que estava nas mãos dos reis e da nobreza. A burguesia, dona do dinheiro, queria, também, ser dona do poder e, para isso, procurou formas, inclusive revolucionárias, de limitar e mesmo eliminar o poder absoluto e arbitrário dos reis. A idéia central era a de elaborar um documento (Constituição) que garantisse como princípios básicos: a igualdade, a fraternidade e a liberdade de todas as pessoas, indistintamente.

As duas primeiras Constituições, juridicamente consideradas, foram marcantes na história da humanidade: a americana (1787) e a francesa (1791), pelo fato de terem sido as primeiras, e, também, por serem bem elaboradas, servindo de modelo para as demais que se seguiram no mundo democrático.

A elaboração de uma Constituição, democraticamente falando, deve ser tarefa de uma Assembléia Nacional Constituinte, legalmente organizada e legitimamente representada.

Há, também, outras formas de elaborá-la, porém, autoritárias. Uma delas é quando o Poder Constituinte é exercido por representantes não legítimos, e a outra quando o chefe do poder Executivo elabora a Constituição e a declara em vigor, outorgando-a.

No Brasil, já tivemos os três exemplos, como veremos a seguir, pela ordem cronológica de sua vigência.

- **Primeira:** de 25 de março de 1824, *outorgada* pelo imperador D. Pedro I;

- **Segunda:** de 24 de fevereiro de 1891, *promulgada* pela Assembléia Nacional Constituinte;

- **Terceira:** de 16 de julho de 1934, *promulgada* pela Assembléia Nacional Constituinte;

- **Quarta:** de 1º de novembro de 1937, *outorgada* pelo presidente Getúlio Vargas;

- **Quinta:** de 18 de setembro de 1946, *promulgada* pela Assembléia Nacional Constituinte;

- **Sexta:** de 21 de janeiro de 1967, *"promulgada"** pela *"Assembléia Nacional Constituinte"*. Mais tarde, em 1969, pela Emenda nº 01/69, foram alterados quase todos os dispositivos desta Constituição, a tal ponto que muitos especialistas consideram-na uma outra Constituição;

---

* As aspas se explicam porque a Constituinte aprovou o texto encaminhado pelo Poder Militar, sem discussão.

- **Sétima:** de 5 de outubro de 1988, *promulgada* pela Assembléia Nacional Constituinte.

O Brasil teve, portanto, sete ou oito constituições, dependendo da ótica sob a qual se estuda o assunto. Alguns especialistas em Direito Constitucional e o STF (Supremo Tribunal Federal) consideram a Emenda Constitucional nº 01/69 como sendo uma nova constituição, não tanto pelo conteúdo, mas pela forma como a junta militar propôs modificações a serem operadas na Constituição de 1967. Dentre estes especialistas, destacamos João Batista Herkenhoff, no livro *Constituinte e educação*, Vozes, Petrópolis, 1987, pág. 35, que diz, antes evidentemente da atual Constituição de 1988: *"O Brasil teve sete Constituições, ao longo da sua história, incluindo a Constituição atual (1969). Dessas sete, apenas três merecem realmente o nome de Constituição, por terem sido votadas por representantes do povo: a de 1891, a de 1934 e a de 1946. As demais Constituintes foram instrumentos de arbítrio dos ditadores de plantão, cartas outorgadas sem o mínimo respeito pelo povo".*

2. A Educação nas Constituições de 1824 a 1967/69

Nesta parte, vamos considerar as Constituições de 1824 até a de 1967/69, com a finalidade de fazer um registro histórico do assunto; portanto, de forma bastante sintética, citando tão-somente os aspectos mais significativos.

Em outra parte, analisaremos, com mais detalhes, a educação na atual Constituição.

Primeira Constituição: de 25 de março de 1824

1 - Determinou a gratuidade da instrução primária;

2 - Fez previsões para que fossem criados, no país, colégios e universidades;
3 - Instituiu a administração centralizada* do ensino, sob a responsabilidade do governo central;
4 - Instituiu o ensino da religião católica como parte integrante dos currículos e programas.

Segunda Constituição: de 24 de fevereiro de 1891

1 - Fixou duas importantes competências em matéria de ensino:
1.1 - Ao Congresso Nacional (Câmara dos Deputados Federais e Senado Federal) coube a função de, privativamente, legislar sobre o ensino superior. A criação de instituições de ensino superior e secundário, nos estados e, ainda, a promoção da instituição secundária no Distrito Federal era, também, uma competência do Congresso Nacional, só que não exclusiva, já que os estados e Distrito Federal podiam, concorrentemente, exercer essas atribuições.
1.2 - Aos estados competia legislar sobre o ensino secundário e primário e, ainda, criar e manter escolas primárias, secundárias e de ensino superior, sem prejuízo de que também o governo federal pudesse fazê-lo.

2 - Determinou que o ensino ministrado nas escolas públicas fosse leigo ou laico, não havendo mais a obrigatoriedade do ensino religioso nas escolas.

---

* O centralismo administrativo foi mais tarde abrandado por ocasião do Ato Adicional de 1834, que alterou parte da Constituição de 1824. Esta nova norma conferiu competências às assembléias legislativas das províncias, hoje estados, para legislar sobre a instrução pública, com exceção das Faculdades de Medicina e dos Cursos Jurídicos, que continuariam sob a responsabilidade do governo central.

Terceira Constituição: de 16 de julho de 1934

1 - Competia, à União, legislar, privativamente, sobre diretrizes e bases da educação nacional;
2 - Cabia aos estados a tarefa de difundir a educação pública em todos os graus;
3 - Designou a família e o Estado como responsáveis pela educação;
4 - Definiu a educação como um direito de todos;
5 - Incumbiu a União de elaborar o Plano Nacional de Educação, como também de fiscalizar e determinar as condições de reconhecimento de escolas secundárias e superiores;
6 - A União deveria manter o ensino no Distrito Federal e Territórios e, ainda, ajudar, supletivamente, os estados na manutenção de suas escolas;
7 - O ensino religioso é parte integrante nos horários das escolas oficiais, porém, como disciplina facultativa;
8 - Instituiu-se a liberdade de cátedra;
9 - Determinou em relação aos recursos financeiros para a educação, que a União e os municípios deveriam contribuir com 10% da renda resultante de impostos na manutenção e desenvolvimento do ensino e os estados e Distrito Federal com 20%;
10 - Propôs auxílio aos alunos carentes, por meio de bolsas de estudo, material escolar, assistência médica e odontológica;
11 - Instituiu concurso público de títulos e provas para o provimento de cargos do magistério oficial;
12 - Instituiu a vitaliciedade e a inamovibilidade dos professores concursados (catedráticos);
13 - Obrigou as empresas a promover o ensino gratuito aos seus empregados ou dependentes, desde que nelas trabalhassem mais de 50 pessoas e houvesse, entre os empregados e seus filhos, pelo menos 10 analfabetos.

Quarta Constituição: de 1º de novembro de 1937

1 - Deu ênfase à disciplina moral e ao adestramento físico dos

jovens, para seus deveres com a economia e a defesa da Nação;

2 - Destacou como importante o ensino cívico, o regime ditatorial, a figura do presidente Vargas e de sua família;

3 - Estabeleceu o caráter rigorosamente centralizado da administração do ensino;

4 - Concedeu privilégios ao ensino particular, ficando o Estado com a função de suplementar deficiências regionais e locais;

5 - Não determinou verbas específicas para a educação e o ensino;

6 - Criou o ensino profissional para atender às classes menos privilegiadas, isto é, criou-se a escola para os pobres, institucionalizando a dicotomia, que na prática sempre existiu, de escolas para os pobres e escolas para os ricos.

Quinta Constituição: de 18 de setembro de 1946

1 - Incumbiu a União de, privativamente, legislar sobre diretrizes e bases da educação nacional;

2 - Definiu a educação como um direito de todos e um dever do Estado e da família;

3 - Estabeleceu a existência de escolas oficiais para todos os graus;

4 - Permitiu, à iniciativa privada, manter suas escolas, desde que respeitasse às leis;

5 - Repetiu os percentuais de verbas para a educação previstos na Constituição de 1934, isto é, a União e os municípios contribuiriam com 10% e os estados e o Distrito Federal com 20% da renda resultante de seus impostos;

6 - Incumbiu os estados e o Distrito Federal de organizar seu ensino e determinou que a União tivesse caráter supletivo de ajuda nos limites das deficiências locais;

7 - Instituiu a assistência educacional aos alunos carentes para assegurar-lhes igualdades de condições para sua freqüência às aulas;

8 - Estabeleceu os princípios a serem adotados para a legislação regulamentadora posterior.

Sexta Constituição: de 21 de janeiro de 1967

1 - Valorizou a privatização do ensino, com assistência técnica e financeira às escolas particulares;
2 - Ampliou a obrigatoriedade do ensino fundamental para a faixa etária dos 7 aos 14 anos;
3 - Instituiu a gratuidade, somente para o ensino primário;
4 - Aboliu os percentuais de verbas para a educação e o ensino, previstos na Constituição anterior, sem fixar novos índices;
5 - A Emenda Constitucional nº 01/69, que reformulou quase toda a Constituição de 1967, mantém os retrocessos em matéria de filosofia e política educacionais, tendo eliminado a liberdade de cátedra e restringido ainda mais a vinculação orçamentária para o ensino. Neste caso, apenas os municípios ficaram com a incumbência de aplicar 20% de seus impostos para a educação.

Posteriormente, uma outra Emenda Constitucional de 1983, conhecida como Emenda Calmon, restaurou a vinculação de recursos e determinou à União 13% e aos estados e municípios que 25% de seus impostos fossem aplicados em educação.

3. A Educação na Constituição de 1988

A atual Constituição brasileira, promulgada em 5 de outubro de 1988, cuida da educação e ensino de maneira especial com referência aos direitos, aos deveres, aos fins e aos princípios norteadores.

Ao lado da saúde, trabalho, lazer, segurança, previdência social e proteção à infância, a educação constitui um dos direitos sociais previstos no artigo 6º. O 7º, em seu inciso XXV, determina a *"assistência gratuita aos filhos e dependentes dos trabalhadores urbanos e rurais, desde o nascimento até seis anos de idade em creches e pré-escolas"*.

Com referência a competências e responsabilidades:

- O artigo 22 e seu inciso XXIV dispõem que a União tem a competência privativa de legislar sobre diretrizes e bases da educação nacional, com a finalidade de, entre outros, garantir a unidade nacional, os padrões mínimos de escolaridade e a validade nacional dos estudos;
- O artigo 23 e seu inciso V dizem que a União, os estados, o Distrito Federal e os municípios têm a competência comum de proporcionar os meios de acesso à cultura, à educação e à ciência;
- O artigo 24 e seu inciso X dão à União, aos estados e ao Distrito Federal a competência para legislar concorrentemente sobre a educação;
- O artigo 30 e seu inciso VI tratam da responsabilidade dos municípios de manter programas de educação pré-escolar e de ensino fundamental;
- O artigo 34 e seu inciso VII e alínea "e" determinam a "aplicação do mínimo exigido da receita resultante de impostos estaduais compreendida a proveniente de transferências na manutenção e desenvolvimento do ensino".
- O artigo 35 e seu inciso III permitem que a União possa intervir nos municípios que não aplicaram o mínimo exigido da sua receita na manutenção e no desenvolvimento do ensino.

O Título VIII da nova Constituição trata da Ordem Social e dentre os seus 8 capítulos, o 3º é dedicado à Educação, Cultura e Desporto. Ocuparemo-nos, agora, da Seção I deste capítulo que diz especificamente da Educação, nos seus 10 (dez) artigos de nºs 205 a 214, já com as alterações feitas por Emendas Constitucionais posteriores:

1 - O artigo 205, como uma espécie de *"carro-chefe"* dos nove restantes, reconhece, inicialmente, a educação como um direito de todos. Esta educação pode ser entendida como a que *"abrange os processos formativos que se desenvolvem na vida familiar, na convivência humana, no trabalho, nas instituições de ensino e pesquisa, nos movimentos sociais e organizações da sociedade civil e nas manifestações culturais"* (artigo 1º da LDB).

Quando se refere ao *"direito de todos"*, pode ser entendido como *"uma prerrogativa que alguém possui de exigir de outrem a prática ou a abstenção de certos atos ou o respeito a situações que lhe aproveitam"* (Aurélio, 1979), sem distinção de idade, sexo, raça, cor, religião, ideologia etc.

Por oportuno, mencionaremos o artigo 5º (*caput*) da Constituição que reza: *"Todos são iguais perante a lei, sem distinção de qualquer natureza, garantindo-se aos brasileiros e aos estrangeiros residentes no país a inviolabilidade do direito à vida, à liberdade, à igualdade, à segurança e à prosperidade etc.".*

Ao direito à educação segue-se o dever de oferecê-la. Este dever é do Estado e da família, que terão a colaboração, a promoção e o incentivo da sociedade, isto é, das demais organizações ou instituições sociais, tais como: associações, clubes, sindicatos, federações, igrejas etc.

No mesmo artigo 205, 2ª parte, encontramos definidos os fins da educação: o pleno desenvolvimento da pessoa e, também, o preparo para o exercício da cidadania e a qualificação para o trabalho.

Para entender melhor o que é educação integral, transcreve-se abaixo parte da Declaração da Conferência da Organização Cultural, Científica e Educacional das Nações Unidas (Unesco), Venezuela, 1971: *"O conteúdo da educação exige uma revisão profunda orientada para a formação integral que abranja a totalidade do homem, sendo injusto e prejudicial à sociedade que a pessoa se frustre ou seja privada das possibilidades de desenvolvimento e afirmação que toda educação deve promover. Trata-se da educação integral de que sempre se falou, mas que deve ser interpretada à luz das características de cada país, cabendo uma educação que cumpra a sua dupla função de tratamento da herança cultural da humanidade e, ao mesmo tempo, de preparar para o futuro; uma educação que integra a formação intelectual, a consciência do valor do trabalho, o desenvolvimento das capacidades críticas e criadoras, e tudo isso orientado pela formação moral e a vontade do indivíduo de consagrar o seu conhecimento e a ação ao progresso da sociedade em que vive, encontrando a sua realização como homem e como cidadão da comunidade nacional e universal. Os métodos da educação deverão orientar-se em direção a este novo humanismo que integra em um todo coerente a formação cultural, científica e tecnológica, assim como a dimensão e aplicação social e econômica. Esses métodos deverão incorporar, para enriquecer-se, os meios modernos de transmissão de conhecimentos que a tecnologia tem colocado à disposição do homem e que ampliam as possibilidades de educação".*

2 - A seguir, o artigo 206 fixa os princípios básicos que deverão orientar a ministração do ensino no país:

2.1 - A necessidade de se oferecer condições iguais para o acesso e a permanência na escola. Não basta ter a vaga e garantir a matrícula; é preciso que o aluno possa freqüentar normalmente as aulas e se evite, ou pelo menos minimize, um dos problemas mais sérios e crônicos do ensino brasileiro, a evasão escolar.

2.2 - Propõe-se, a seguir, a liberdade de aprender, ensinar, pesquisar e divulgar o pensamento, a arte e o saber.

O conceito de liberdade é controvertido e polêmico: um deles é o conceito **individualista**, segundo o qual a liberdade consiste no direito de cada um fazer o que quiser, desde que não prejudique os direitos do próximo; o outro é o **socialista**, segundo o qual a liberdade consiste na obrigação que tem o ser humano de cumprir as tarefas sociais que lhe competem. Logo, mesmo no conceito **individualista**, ela não pode ser absoluta, cabendo ao Estado e à sociedade fixar-lhes os limites por normas jurídicas e morais.

2.3 - Este terceiro princípio diz que poderão existir múltiplas idéias e concepções pedagógicas e, também, a possibilidade de coexistirem escolas oficiais com as particulares.

2.4 - As escolas oficiais, de qualquer nível, grau ou modalidade, devem oferecer ensino gratuito.

2.5 - Para entender melhor o 5º princípio que, na verdade, é uma "miscelânea" de assuntos, pode-se dividi-lo em 3 partes:

a) Os profissionais do ensino, de modo geral, deverão ser valorizados;

b) Os profissionais do ensino, das escolas oficiais, deverão ter, ainda, plano de carreira, piso salarial profissional e ingresso exclusivamente por concurso público de provas e títulos;

c) As instituições de ensino federais deverão ter regime jurídico único, isto é, sua organização e administração deverão ser reguladas por regimentos ou normas comuns a todas;

2.6 - O 6º princípio é muito vago ao determinar a administração democrática para o ensino público, na forma da lei: espera-se que a lei ou leis regulamentadoras definam claramente o que se quer dizer com *"gestão democrática"*, já que há muita discussão sobre o assunto, começando por esclarecer se a democracia deve ser na forma de escolha dos dirigentes ou na forma como estes agirão, ou as duas coisas.

2.7 - O último princípio, 7º do artigo 206, cuida da garantia de padrão de qualidade do ensino, sem enviar a questão para uma lei futura. É claro que padrão de qualidade supõe conceituação clara, parâmetros, instrumentos de avaliação etc.

3 - O artigo 207 trata da educação superior e pode ser desdobrado:

3.1 - As universidades brasileiras (oficiais ou particulares) gozam de autonomia* didático-científica, administrativa e de gestão financeira;

---

* A autonomia é tratada na nova LDB (Lei 9.394/96), nos artigos 14, I e II e 56, parágrafo único, a ser comentada em outro capítulo deste livro.

3.2 - A educação superior deve obedecer ao princípio de indissociabilidade entre ensino, pesquisa e extensão.

Este artigo não é auto-aplicável e, portanto, precisa ser regulamentado no tocante à autonomia. Espera-se muita polêmica sobre o assunto, especialmente nas escolas oficiais que querem autonomia ampla e irrestrita, mas vivem das verbas públicas e, por isso, são dependentes de seus mantenedores: a União, os estados ou os municípios.

4 - A obrigação do Estado (União, estados, Distrito Federal e municípios) para com a educação é explicada no artigo 208. Também para maior clareza, deve-se dividi-lo em partes:

4.1 - O ensino fundamental (antigo 1º grau) será obrigatório e gratuito, mesmo para quem esteja acima da faixa etária dos 7 aos 14 anos. Esta gratuidade e obrigatoriedade deverão ser, progressivamente, estendidas ao ensino médio (antigo 2º grau);

4.2 - Amparo aos portadores de deficiência de qualquer natureza que deverão freqüentar escolas, de preferência comuns, para facilitar sua convivência e integração social;

4.3 - As crianças de até 6 anos serão atendidas em creches e pré-escolas;

4.4 - De acordo com a capacidade de cada um, haverá possibilidade de acesso aos níveis mais elevados do ensino, da pesquisa e da criação artística;

4.5 - O ensino noturno deve ser regular e adequado às condições do aluno que, em geral, trabalha durante o dia e está fora da faixa etária normal para o ensino fundamental ou médio;

4.6 - Os programas de assistência ao aluno são previstos, especificamente, para suplementar o material didático, transporte, alimentação e assistência à saúde;

4.7 - O acesso ao ensino obrigatório e gratuito (fundamental) é um direito público subjetivo. Por "direito público" entende-se aquele que trata das relações entre o Estado e as pessoas, e "subjetivo" é a faculdade que cada um tem de invocar a lei a seu favor quando seu direito for negado ou ameaçado. Neste caso, haverá penalidade para a autoridade responsável que deixar de oferecer este ensino;

4.8 - Finalmente, o estado é obrigado a fazer o recenseamento para o ensino fundamental, assim como fazer a chamada dos alunos e zelar, juntamente com os pais, pela freqüência à escola.

5 - A existência de escolas particulares é prevista no artigo 209, as quais devem cumprir as leis de ensino e se submeter ao processo de autorização e avaliação do poder público. Atualmente, esta competência se divide da seguinte forma:

5.1 - União: instituições de educação superior;
5.2 - Estados: escolas de ensino fundamental e médio;
5.3 - Municípios: escolas de educação infantil.

Obs.: Os artigos 16, 17 e 18 da nova LDB (Lei 9.394/96) tratam deste assunto.

6 - O artigo 210 determina a existência de **conteúdos mínimos** para o ensino fundamental a serem fixados, naturalmente, pelos Conselhos de Educação, a fim de assegurar uma formação básica comum a todos e respeitar os valores culturais e artísticos nacionais e regionais.

Este artigo cuida, também, do ensino religioso e o define como de matrícula facultativa, mas constituindo disciplina dos horários normais das escolas públicas de ensino fundamental.

A seguir, determina, ainda, que o ensino fundamental será ministrado em língua portuguesa, mas permite às comunidades indígenas o uso de suas línguas maternas e seus processos próprios de aprendizagem.

7 - São quatro os tipos de sistemas de ensino brasileiro, como define o artigo 211:
7.1 - O da União (federal);
7.2 - Os dos estados (estaduais);
7.3 - O do Distrito Federal (distrital);
7.4 - Os dos municípios (municipais).

Estes sistemas deverão funcionar em regime de colaboração, ficando o Federal e os dos Territórios a cargo da União. Esta, por sua vez, prestará, ainda, assistência técnica e financeira para os demais sistemas, especialmente no tocante ao ensino fundamental. Há uma determinação final que fixa maior responsabilidade dos municípios com o ensino fundamental e educação infantil. Os estados e o Distrito Federal atuarão prioritariamente no ensino fundamental e médio. Finalmente, a universalização do ensino obrigatório será garantida pela colaboração entre estados e municípios.

8 - O artigo 212 disciplina a aplicação dos recursos financeiros para o ensino, determinando que os estados, o Distrito Federal e os municípios apliquem, no mínimo, 25% e a União 18% da receita resultante dos impostos na manutenção e desenvolvimento do ensino. Além desses percentuais, haverá, como recurso adicional, a contribuição do salário-educação para o ensino fundamental, correspondente a 2,5% sobre o total da folha de pagamento de cada empresa.

9 - O artigo 213 determina que os recursos financeiros públicos serão destinados às escolas oficiais e, também, observadas algumas regras, às escolas comunitárias, confessionais e filantrópicas, a serem definidas pela lei.*

10 - O último artigo, o 214, dispõe sobre a existência do Plano Nacional de Educação, de duração plurianual para articular e desenvolver o ensino em seus diversos níveis, com as seguintes intenções:
10.1 - eliminar o analfabetismo;
10.2 - oferecer escolas para todos;
10.3 - melhorar a qualidade de ensino;
10.4 - preocupar-se com a formação para o trabalho;
10.5 - promover o desenvolvimento humanístico, científico e tecnológico do Brasil.

---

* A nova LDB definiu, no artigo 20, as escolas comunitárias e confessionais.

III

Sistema de Ensino

1. Conceito de sistema

Dos trabalhos do biólogo alemão Ludwig von Bertalanffy, publicados entre 1950 e 1968, surgiu a *Teoria Geral dos Sistemas* (TGS) *que não procura resolver problemas ou tentar soluções práticas, mas produzir teorias e formulações conceituais que possam criar condições de aplicações na realidade empírica* (Chiavenato, 1983).

Um dos mais completos conceitos de sistema é o de Khandwalla, citado por Chiavenato: *(1983:515): [...] é um conjunto de elementos interdependentes e interagentes; um grupo de unidades combinadas que formam um todo organizado e cujo resultado* (output = saída) *é maior do que o resultado que as unidades poderiam ter se funcionassem independentemente. O ser humano, por exemplo, é um sistema que consiste em um número de órgãos e membros, e somente quando estes funcionam de modo coordenado o homem é eficaz. Similarmente, pode-se pensar que a organização (empresa) é um sistema que consiste em um número de partes interagentes. Por exemplo, uma firma manufatureira tem uma seção devotada à produção, outra, às vendas e uma terceira, às finanças e várias outras. Nenhuma delas é mais do que as outras em si. Mas quando a firma tem todas essas seções, e quando elas são adequadamente coordenadas, pode-se esperar que elas funcionem eficazmente e façam lucro.*

Então, conclui-se que sistema é um conjunto de partes relacionadas entre si para atingir determinado objetivo. Percebe-se, assim, claramente as partes, seu funcionamento harmônico e algo a se alcançar.

Todo sistema (composto de vários subsistemas) faz parte de ou é integrado a um sistema maior (super ou supra-sistema). Esta totalidade e integridade são as características principais do sistema, cujo funcionamento supõe a existência de:

a) entradas ou insumos (*inputs*): tudo que o sistema importa do meio ambiente externo;
b) operações ou processos (*process*): todo sistema processa ou transforma as entradas e produz saídas;
c) saídas ou resultados (*outputs*): tudo o que o sistema exporta para o meio ambiente;
d) retroação ou retroalimentação (*feedback*): a reentrada ou retorno de parte das saídas que influencia seu funcionamento.

Pode ser feita a seguinte classificação dos sistemas:

a) abertos: o intercâmbio com o meio ambiente é muito grande, como, por exemplo: as empresas, as pessoas e todos os seres vivos;
b) fechados: quando o intercâmbio é pequeno com poucas entradas e saídas limitadas e previsíveis, como, por exemplo: os sistemas mecânicos, máquinas e equipamentos;
c) concretos ou físicos (*hardware*): composto pelas partes físicas e concretas: máquinas, equipamentos, prédios etc.;
d) abstratos ou conceituais (*software*): como os regulamentos, políticas, diretrizes, normas, programas etc.

2. Sistema de ensino

Pelo exposto, então, todo sistema é uma combinação de partes reunidas para concorrer a um resultado, ou de modo a formar um conjunto, ou, ainda, como diz o *Dicionário Aurélio*: "*um conjunto de elementos materiais ou ideais, entre os quais se possa encontrar ou definir alguma relação*".

Sistema de Ensino

Embora se usem outros termos ou expressões, tais como sistema educacional ou sistema escolar, a preferência legal (Constituição e LDB) é por um sistema de ensino cujo conceito oficial nos foi dado pelo Prof. Ernesto Tolle, ex-membro do antigo Conselho Federal de Educação (CFE), hoje Conselho Nacional de Educação (CNE). Tal conceito foi publicado pela Súmula número 04 (quatro) na revista oficial do ex-CFE "Documenta" e diz: *"Sistema de ensino seria a síntese de idéias sobre como se organiza e se administra e se entrosa o ensino. Compreenderia toda a estrutura, a organização administrativa, as várias categorias de instituições públicas e privadas dos diferentes graus: a articulação entre os diferentes níveis, o processo de acesso, os cursos terminais e as opções de continuação a graus superiores, desde a escola maternal até os estudos pós-doutorais; o grau de participação do poder público na ministração do ensino; na fiscalização do ensino de iniciativa privada; o financiamento da educação, os incentivos a dados cursos de maior interesse para a comunidade; a obrigatoriedade da escola até certa idade ou até certo nível; enfim, a organização, o controle e o financiamento de toda a rede; dentro de uma política educacional, isso constitui, parece-me, o sistema de ensino de um Estado".*

Para Savianni (1978:73), *"a noção de sistema caracteriza-se por:*

a) *intencionalidade;*
b) *unidade;*
c) *variedade;*
d) *coerência interna;* e
e) *coerência externa".*

Ele mesmo explica: *"A intencionalidade implica os pares antitéticos sujeito-objeto, consciência-situação (toda consciência é consciência de alguma coisa). A unidade se contrapõe à variedade, mas também se compõe com ela para formar o conjunto. A coerência interna, por sua vez, só pode se sustentar desde que articulada com a coerência externa. Do contrário, ela será mera abstração. Por descuidar do aspecto da coerência externa é que os sistemas tendem a desvincular do plano concreto esvaziando-se em construções teóricas".*

Mesmo havendo algumas divergências quanto ao conceito de sistema de ensino pode-se dizer, em geral e em termos bastante práticos, que o sistema de ensino refere-se a um determinado conjunto de escolas que apresenta traços comuns, um conjunto de órgãos administrativos e pedagógicos, um conjunto de recursos humanos, financeiros e materiais e um conjunto de normas que estrutura e põe em funcionamento o ensino de forma harmônica para buscar objetivos comuns.

O sistema nacional de ensino brasileiro, pela sua estrutura e funcionamento, caracteriza-se como uma empresa prestadora de serviços educacionais, enquadrada na área econômica terciária. Como uma empresa, tem todos os elementos e características de um sistema, com seus edifícios, máquinas, equipamentos, móveis, utensílios, regulamentos, códigos disciplinares, currículos e programas, professores, especialistas em educação, alunos etc., tudo funcionando dinamicamente relacionado entre si e com o todo de que sejam partes e, portanto, com todas as características propostas por Saviani: intencionalidade, unidade, variedade, coerência interna e coerência externa.

3. Sistema de ensino brasileiro

O sistema de ensino brasileiro, como o conhecemos hoje, teve seu início praticamente em 1930 com a criação do Ministério da Educação, atualmente consagrado com a sigla MEC. Antes disso, desde os jesuítas, não havia preocupação muito grande com os problemas educacionais, já que a educação era um privilégio dos ricos e poderosos com condições de mandar seus filhos às melhores escolas estrangeiras, especialmente Portugal e França.

As constituições brasileiras anteriores à de 1934 pouco falavam do assunto. A atual (promulgada em 5/10/1988) trata a educação e o ensino em 10 (dez) artigos específicos, de números 205 a 214.

Os comentários que se seguem sobre sistema de ensino têm por base a referida Constituição.

Sistema de Ensino

A Constituição fala em 4 (quatro) tipos de sistemas de ensino: da União, dos estados, do Distrito Federal e dos municípios que os organizarão em regime de colaboração da seguinte forma: a União organizará e financiará o sistema federal e, ainda, prestará assistência técnica e financeira aos estados, ao Distrito Federal e aos municípios, para o desenvolvimento de seus sistemas de ensino e atendimento prioritário à escolaridade obrigatória (ensino fundamental). Na Constituição, os 4 (quatro) tipos de sistemas de ensino no Brasil são:

- federal (União);
- estaduais (estados);
- distrital (Distrito Federal);
- municipais (municípios).

Pela atual Lei de Diretrizes e Bases da Educação Nacional (LDB) os vários sistemas de ensino terão liberdade de organização, mas sempre nos termos da lei.

Quanto às competências, assim define a LDB:

a) à União compete autorizar, reconhecer, credenciar, supervisionar e avaliar, respectivamente, os cursos das instituições de educação superior e os estabelecimentos do seu sistema de ensino;
b) aos estados e ao Distrito Federal compete: organizar, manter e desenvolver os órgãos de ensino, bem como autorizar, reconhecer, credenciar, supervisionar e avaliar, respectivamente, os cursos das instituições de educação básica e superior e os estabelecimentos do seu sistema de ensino;
c) aos municípios compete organizar, manter e desenvolver os órgãos e instituições oficiais dos seus sistemas de ensino, bem como baixar normas complementares a autorizar, credenciar e supervisionar os estabelecimentos do seu sistema de ensino.

Uma ressalva importante: os municípios poderão optar por integrar ao sistema estadual de ensino ou compor com ele um sistema único de educação básica. Esta é uma precaução válida da lei, pois sabe-se que dos mais de 5 (cinco) mil municípios brasileiros, cerca de 30%, ou mais, não têm condições de organizar seu sistema de ensino por carência de recursos humanos, materiais e, especialmente, financeiros.

Uma recomendação bastante importante, porém muito vaga, é que determina que os sistemas definirão normas da gestão democrática do ensino público na educação básica, de acordo com suas peculiaridades. A grande dúvida é saber a que se refere a tal "gestão democrática". Os conceitos são numerosos e o assunto certamente gera muitas controvérsias.

Outro ponto polêmico é o que se refere aos progressivos graus de autonomia pedagógica e administrativa e de gestão financeira que os sistemas de ensino deverão assegurar aos estabelecimentos que os integram.

Quanto à organização e composição dos sistemas de ensino, a lei assim determina:

1 - O sistema federal de ensino compreende:
1.1 - as instituições de ensino mantidas pela União;
1.2 - as instituições de educação superior criadas e mantidas pela iniciativa privada;
1.3 - os órgãos federais de educação.

2 - Os sistemas de ensino dos estados e do Distrito Federal compreendem:
2.1 - as instituições de ensino mantidas, respectivamente, pelo Poder Público estadual e pelo Distrito Federal;
2.2 - as instituições de educação superior mantidas pelo Poder Público municipal;
2.3 - as instituições de ensino fundamental e médio criadas e mantidas pela iniciativa privada;
2.4 - os órgãos de educação estaduais e do Distrito Federal, respectivamente.

3 - Os sistemas municipais de ensino compreendem:
3.1 - as instituições de ensino fundamental, médio e de educação infantil mantidas pelo Poder Público municipal;
3.2 - as instituições de educação infantil criadas e mantidas pela iniciativa privada;
3.3 - os órgãos municipais de educação.

Vale registrar, também, que cada sistema de ensino tem seus órgãos administrativos, pedagógicos, consultivos e deliberativos. Assim, o federal tem o Ministério da Educação e do Desporto (MEC) e o Conselho Nacional de Educação (CNE); este dividido em duas câmaras: a da educação básica (ensino fundamental e médio) e da educação superior.

Os municípios têm sua Secretaria Municipal de Educação ou, dependendo do tamanho e das condições financeiras, um órgão menor para cuidar da educação. Alguns municípios brasileiros já organizaram seus Conselhos Municipais de Educação e os subdividiram em câmaras, como os Conselhos de Educação Nacional e Estaduais.

IV

Lei de Diretrizes e Bases da Educação Nacional (LDB): Contextualização Sócio-histórica

1. Aspectos históricos e constitucionais

A década de 1930 marcou, no Brasil, o início de grandes transformações no campo da educação e do ensino, especialmente pela atuação dos partidários do movimento denominado "Escola Nova", trazendo, em seu bojo, propostas inovadoras para a época como a laicidade do ensino, a coeducação dos sexos, a escola pública para todos e a revolução pedagógica de centrar o ensino no aluno, e não mais nos programas e/ou no professor, como na "Escola Tradicional".

Estas e outras modificações estavam consubstanciadas no histórico e revolucionário documento que ficou conhecido como "Manifesto dos Pioneiros" que *"encarava a educação como um instrumento por excelência de uma reconstrução nacional a expressar-se na formação da hierarquia democrática pela hierarquia das capacidades recrutadas em todos os campos sociais"* (Chagas, 1982:45).

O Governo Provisório, chefiado por Getúlio Vargas, inspirando-se nas idéias do "Manifesto dos Pioneiros", toma algumas medidas como a criação do Ministério da Educação, a reforma do ensino secundário, comercial e superior, nomeando como primeiro Ministro da Educação o "Pioneiro" Francisco Campos.

A Constituição de 1934 incorporou muitas das propostas dos "Pioneiros" e, no capítulo específico, estabeleceu *"a educação como um direito de todos"; "a obrigatoriedade da escola primária integral e extensiva aos adultos"; "a gratuidade do ensino na escola pública"* e *"a assistência dos alunos necessitados"*. Participaram desse movimento, educadores de renome do cenário brasileiro, tais como: Anísio S. Teixeira, Lourenço Filho e Fernando de Azevedo que, anos mais tarde, voltam à luta pela escola pública por ocasião da discussão de nossa primeira LDB — Lei 4.024 de 20/12/1961.

Na mesma Constituição, e pela primeira vez em nossa história, constou a determinação de existir uma *Lei de Diretrizes e Bases da Educação Nacional* e, também, incumbiu a União, por intermédio do Ministério da Educação e do Conselho Nacional de Educação, de elaborar e baixar o Plano Nacional de Educação.

Infelizmente, essas propostas tão importantes não se concretizaram porque a Constituição de 34, inspiradora de tão boas mudanças, teve duração efêmera. Em 1937, o presidente Vargas outorga outra Constituição, que, por ser tirana, foi denominada pelo povo de "Polaca", inspirada na ditadura polonesa da época. Assim, a existência de uma LDB ficou comprometida e só voltaria a ser discutida a partir de 1948, por determinação da nova Constituição, a de 1946, discutida, aprovada e promulgada pela Assembléia Nacional Constituinte, num clima democrático, uma vez terminado, em 1945, o ciclo da ditadura Vargas.

Durante o período ditatorial, 1937-45, extinguiram-se os sistemas de ensino, praticamente nascidos no início da década de 1930, fecharam-se os Conselhos de Educação (o nacional, os estaduais e o do Distrito Federal) e, também, não mais se vincularam os recursos públicos para o ensino.

A gratuidade da escola pública foi, aos poucos, sendo excluída para os alunos que pudessem contribuir com a *"caixa escolar"*, esta destinada a manter alunos pobres. Mais grave foi a dicotomia oficializada no ensino brasileiro, criando-se o curso *"profissional"* para as *"classes menos favorecidas"* e, particularmente, para os *"filhos de operários"* pela via das indústrias e dos sindicatos. Em contrapartida, haveria uma outra escola, acadêmica, pública e gratuita, de elite, para as *"classes mais favorecidas"*. Instituiu-se, assim, um sério e perigoso preconceito social e, o que é mais grave, por meio de uma Constituição.

2. Primeira LDB

Nasce a primeira LDB, por determinação da Constituição de 1946, cujo artigo 5º, XV "d", prescrevia: *"Compete à União legislar sobre diretrizes e bases da educação nacional"*. Mais adiante, no capítulo específico sobre a educação, os artigos 166 a 172 definiam os princípios e baixavam regras básicas a ser seguidas na legislação regulamentadora posterior, incluindo a própria LDB como a mais importante norma jurídica a ser seguida.

Constatam-se, como conseqüências de tais determinações constitucionais, que:

a) a fixação da LDB é uma competência exclusiva da União, portanto por meio de uma lei federal, não podendo haver diretrizes e bases da educação por leis estaduais e/ou municipais. Os estados e os municípios apenas legislam concorrentemente sobre educação e ensino, atendendo a suas peculiaridades e possibilidades regionais ou locais;
b) a LDB se torna indispensável, uma vez que a maioria dos artigos da Constituição que trata da educação e do ensino não é auto-aplicável, isto é, tais artigos precisam ser regulamentados por lei federal que explicará o sentido dos princípios filosóficos, políticos, administrativos, financeiros, pedagógicos etc.

Em 20 de dezembro de 1961, é sancionada, promulgada e publicada nossa primeira LDB, a Lei de nº 4.024, cuja vigência ocorreu a partir de 1º de janeiro de 1962, conforme ela mesma prescrevia.

Pouco tempo depois, surge uma nova Constituição, a de 1967,

alterada em 1969, com o objetivo de institucionalizar a nova ordem política do país instalada em 1964, o conhecido "Regime Militar" que vigorou até 1985, quando da eleição indireta da dupla de civis Tancredo/Sarney. Esta Constituição determinava o seguinte sobre a LDB:

a) a União terá competência exclusiva para legislar sobre as diretrizes e bases da educação nacional;
b) a LDB cuidará de assuntos pedagógicos, da estrutura administrativa e do funcionamento dos sistemas de ensino: o federal, os estaduais e o do Distrito Federal. (Os municípios só ganhariam o direito de organizar seus sistemas municipais a partir da Constituição de 1988, artigo 211.)

Com base nessa nova ordem constitucional, 1967/69, foram baixadas várias leis de ensino em épocas diferentes, revogando parte da 4.024/61, que, originalmente, tinha 120 (cento e vinte) artigos e remanesceram apenas 30 (trinta) até 1996.

As principais leis de ensino que se seguiram foram:

a) a de n.º 5.540, de 28 de novembro de 1968 (ensino superior);
b) a de n.º 5.692, de 11 de agosto de 1971 (ensino de 1º e 2º graus);
c) a de n.º 7.044, de 18 de outubro de 1982 (ensino de 2º grau).

Estas leis, e mais o que remanesceu da 4.024/61, formavam a então LDB, não constituindo 4 (quatro) LDBs, como é comum entender, uma vez que as posteriores à original apenas dispunham sobre o ensino de 1º, 2º e 3º graus e não sobre a educação nacional como um todo. É claro que falta uma organização sistêmica e, por isso, elas não formam um todo orgânico, mesmo porque correspondem a constituições diferentes: a 4.024/61 de 1946; a 5.540/68 de 1967; e as outras duas, 5.692/71 e 7.044/82 a, praticamente, uma nova Constituição, de 1969, feita pela Emenda Constitucional n.º 01/69, que muitos consideram outra Constituição, "outorgada" pelo regime militar vigente na época.

3. A atual LDB

Desde 1988 está em vigor a nova Constituição, promulgada pela Assembléia Nacional Constituinte em 5 de outubro, cujos artigos 22, 23 e 24 tratam da legislação da educação:

a) "Artigo 22: Compete privativamente à União legislar sobre:
xxiv - diretrizes e bases da educação nacional";
b) "Artigo 23: É competência comum da União, dos Estados, do Distrito Federal e dos Municípios:
v - proporcionar meios de acesso à cultura, à educação e à ciência";
c) "Artigo 24: Compete à União, aos Estados e ao Distrito Federal legislar concorrentemente sobre:
ix - educação, cultura, ensino e desporto".

Com base no artigo 22, xxiv, muitos foram os projetos para a nova LDB apresentados no Congresso Nacional, tendo prosperado o de nº 1.258/88, de autoria do deputado mineiro Otávio Elísio que foi, em seguida, reformulado na Comissão de Educação, cujo relator foi o deputado baiano Jorge Hage. Ao ser apreciado pelo plenário da Câmara dos Deputados, o projeto não agradou à maioria e, em seguida, retornou à Comissão de Educação. A deputada catarinense Ângela Amim foi a relatora e tentou incorporar os 1.275 destaques propostos pelos deputados quando da passagem do projeto pelo plenário.

A Câmara aprovou o projeto, já bastante diferente do original, agora sob o nº 1.258-D, encaminhando-o ao Senado. Nesta casa, ele foi substituído pelo projeto de nº 67/90, de autoria dos senadores Darcy Ribeiro, Maurício Corrêa e Marco Maciel, incorporando algumas propostas do projeto aprovado na Câmara dos Deputados. O Senado aprovou o seu projeto e o encaminhou à Câmara. Nesta, o projeto foi novamente modificado em alguns poucos aspectos e, finalmente, aprovado, tendo sido sancionado sob o nº 9.394, de 20 de dezembro de 1996, e publicado no Diário Oficial da União no dia 23 de dezembro de 1996, data esta em que a lei entrou em vigor.

A Ementa diz: *"Estabelece as diretrizes e bases da educação nacional"*, tendo a seguir 9 (nove) títulos, alguns subdivididos em capítulos e seções, dando ao final 92 (noventa e dois) artigos.

A Lei se inicia conceituando "Educação" como sendo a que *"[...] abrange os processos formativos que se desenvolvem na vida familiar, na convivência humana, no trabalho, nas instituições de ensino e pesquisa, nos movimentos sociais e organizações da sociedade civil e nas manifestações culturais"*. Este conceito está no *caput* do artigo 1º, cujos parágrafos (1º e 2º) conceituam "a educação escolar" como *"[...] a que se desenvolve, predominantemente, por meio do ensino, em instituições próprias, e deverá vincular-se ao mundo do trabalho e à prática social"*. Portanto, o que a lei disciplina é a "Educação Escolar", e não o que se poderia supor pela sua Ementa.

Os títulos seguintes, de números II a IX, tratam, respectivamente: dos princípios e fins da educação nacional; do direito à educação e do dever de educar; da organização da educação nacional; dos níveis e das modalidades de educação e ensino; dos profissionais da educação; dos recursos financeiros; das disposições gerais; e das disposições transitórias.

Leitura

"Você sabe o que é LDB?*

A LDB é a lei que determina os fins da educação, os caminhos a serem percorridos e os meios adequados para atingi-los, enfim, regulamenta a Educação Escolar Nacional.

A primeira LDB passou 13 anos para ser aprovada no Congresso Nacional. O atual projeto que ora tramita no Senado, após ter sido aprovado na Câmara, está próximo de completar sete anos. Desde

---

* Suplemento Especial do jornal Sinteal (1997). Elaboração de Milton Canuto, presidente do Sinteal e secretário-adjunto de formação da Confederação Nacional dos Trabalhadores em Educação.

1988, busca-se a aprovação de uma lei que, finalmente, organize o Sistema Nacional de Educação e estabeleça a sua unidade.

Passado esse tempo, durante o qual foi realizado um amplo debate entre a sociedade civil organizada, parlamentares de todos os partidos e educadores, se chegou a um projeto de LDB que talvez possamos classificar como o mais democrático da história do nosso Legislativo. Nesse processo de elaboração, foram ouvidas mais de 40 instituições e entidades de todas as concepções ideológicas, além de realizados numerosos seminários temáticos, envolvendo especialistas, sobre os pontos mais polêmicos. Nunca se discutiu e negociou tanto para elaborar uma lei.

No entanto, nos últimos meses todos fomos surpreendidos com um "novo" substitutivo ao projeto originário da Câmara. Trata-se do substitutivo elaborado pelo senador Darcy Ribeiro (PDT/RJ) com a participação direta do MEC, que podemos considerar como mais centralizador do que as leis da ditadura militar.

LDB – Passo a passo

1988

Logo após a promulgação da Carta Magna (Constituição de 1988), dá-se o primeiro passo rumo à nova LDB. O deputado Otávio Elísio (PMDB/MG) apresenta projeto de Lei de Diretrizes e Bases da Educação Nacional, calcado em contribuições do V Congresso Brasileiro de Educação.

1989

É constituída na Comissão de Educação da Câmara uma Subcomissão para tratar da LDB. Nesse período são realizadas 67 audiências públicas das quais surge o primeiro substitutivo, acrescentando sugestões de 13 parlamentares. O seu relator é o deputado Jorge Hage (PDT/BA). Nesse ano ainda se realizam vários simpósios temáticos.

1990
Tramita o segundo substitutivo Jorge Hage que incorpora 978 emendas e duas mil sugestões da sociedade civil organizada. Recebe ainda 1.100 destaques, mas só um acordo partidário possibilita sua aprovação na Comissão de Educação. Ainda nesse ano passou a transitar na Comissão de Constituição e Justiça e na Comissão de Finanças.

1991
Depois de idas e vindas, finalmente o projeto vai ao plenário da Câmara e lá recebe 1.263 emendas, retornando às Comissões.

1992
O governo Collor tenta obstruir o projeto e Darcy Ribeiro e Marco Maciel (líder de Collor no Senado), juntamente com o MEC, apresentam novo projeto. Com o *impeachment*, toma posse Itamar Franco e o novo ministro da Educação, Murilo Hingel, coloca-se favorável ao primeiro projeto da Câmara. Daí ele vai à plenário, recebe destaque e passa por uma comissão subpartidária.

1993
Em 13 de maio de 1993 o projeto é aprovado na Câmara dos Deputados e passa a ganhar preferência de tramitação no Senado por ter sido aprovado antes do projeto Darcy Ribeiro.

1994
O projeto chega ao Senado e passa a ter como relator o senador Cid Sabóia (PMDB/CE). Inicia-se o processo de discussão com audiências públicas e recebe emendas.

1995
Após todo o trâmite, a LDB está pronta para entrar na ordem do dia do Senado. Daí a nova equipe do MEC faz uma manobra e passa a interferir no processo, causando o retorno daquele às Comissões de Educação e de Constituição e Justiça. O senador Roberto Requião

(PMDB/PR) assume a Comissão de Educação e inclui o substitutivo Darcy Ribeiro/MEC no projeto das Bolsas de Estudo, causando assim um golpe no projeto oriundo da Câmara, fruto das discussões ao longo desses anos. Por fim, o senador, numa atitude conciliadora e omissa, resolve desconsiderar os dois substitutivos (Senado e Darcy) e abre um novo prazo para apresentação de emendas ao PLC 101/93 (originário da Câmara).

Foram apresentadas 57 emendas ao projeto que retornou à Comissão de Educação, e foi designado como relator o senador Darcy Ribeiro (PDT/RJ), a "raposa tomando conta do galinheiro". O seu novo parecer manteve o texto anterior de sua autoria e foi votado na Comissão de Constituição e Justiça no dia 28/6/1995 e aprovado por 12 votos a 2. Já a votação do dia seguinte na Comissão de Educação não ocorreu por falta de quorum, sendo marcada sua nova apreciação para agosto de 1995."

V

Níveis e Modalidades de Educação e Ensino

1. Primeira LDB - Lei de Diretrizes e Bases da Educação Nacional

A primeira LDB, Lei nº 4.024, de 20 de dezembro de 1961, não promoveu grandes mudanças na estrutura e no funcionamento do ensino vigentes desde a Reforma Capanema, do início da década de 1940.

A **educação pré-escolar** era tratada em dois artigos, os de nº 23 e 24, que fixaram sua finalidade: a de destinar-se aos menores de até sete anos; e o local a ser ministrada: em escolas maternais e jardins-de-infância. Também estimulava as empresas que tivessem a seu serviço mães de menores de sete anos, a organizar e manter instituições de educação pré-primária.

O **ensino primário**, com duração de quatro anos, para crianças de sete aos onze anos de idade, era ministrado nos grupos escolares ou em escolas isoladas. Estas eram, geralmente, localizadas na zona rural ou em local de difícil acesso, não podendo ultrapassar em três o número delas em uma mesma localidade. A partir de quatro já se transformaria numa escola agrupada e com mais de 7 (sete) classes, seria um Grupo Escolar.

O **ensino secundário** ou **médio** tinha a duração de sete anos, subdividido em ginásio (quatro anos) e colégio (três anos).

A **educação especial**, tratada nesta LDB como **educação de excepcionais**, deveria enquadrar-se, sempre que possível, no sistema geral de educação, a fim de integrar os excepcionais na comunidade. A lei propunha, ainda, prêmio para toda iniciativa privada, considerada eficiente pelos Conselhos Estaduais de Educação, que cuidasse desse tipo de educação.

A Lei nº 4.024/61 teve vigência efêmera, uma vez que, nos anos subseqüentes à sua aprovação, muitas outras leis a revogaram em suas partes, a tal ponto que, a partir da década de 1970, restavam apenas 30 artigos dos 120 iniciais.

As principais destas leis foram as de nºs 5.540, de 28 de novembro de 1968, 5.962, de 11 de agosto de 1971, e 7.044, de 18 de outubro de 1982, sendo a primeira relativa ao ensino superior e as duas últimas ao ensino de 1º e 2º graus.

A **educação pré-escolar** mereceu pouco destaque nessas reformas. Somente o § 2º do artigo 19 da Lei nº 5.692/71 dizia que os sistemas de ensino deveriam velar para que as crianças menores de sete anos de idade recebessem educação conveniente em escolas maternais, jardins-de-infância ou em instituições congêneres. Também o artigo 61 chamava a atenção dos sistemas de ensino para que estimulassem as empresas em que trabalhassem mães de menores de sete anos de idade, a manter a "educação que preceda o ensino de 1º grau". Uma repetição do que dizia a Lei 4.024/61.

O **ensino de 1º grau**, fruto da junção do ensino primário com o ginasial, era destinado à formação de crianças e pré-adolescentes, sendo obrigatório dos sete aos catorze anos e gratuito nas escolas oficiais.

O **ensino do 2º grau**, equivalente ao ciclo colegial da Lei 4.024/61, era destinado à formação integral do adolescente e, para o ingresso, exigia-se a conclusão do 1º grau ou de estudos equivalentes. Pretendeu-se, no início da vigência da Lei 5.692/71, que todo o ensino de 2º grau fosse profissionalizante. Posteriormente, a Lei 7.044/82 mudou a expressão "qualificar para o trabalho" do artigo 1º da 5.692/71, para "preparar para o trabalho", retirando a compulsoriedade da profissionalização em nível de 2º grau.

O **ensino supletivo** mereceu enfoque especial, com os cursos de **suplência** ("suprir a escolarização regular para os adolescentes e adultos que não a tenham seguido ou concluído na idade própria") e de **suprimento** ("para proporcionar, mediante repetida volta à escola, estudos de aperfeiçoamento ou atualização para os que tenham seguido o ensino regular no todo ou em parte").

A **educação especial** foi tratada em apenas um artigo, o 9º, que dizia: "Os alunos que apresentem deficiências físicas ou mentais, os que têm atraso considerável quanto à idade regular de matrícula e os superdotados deverão receber tratamento especial, de acordo com as normas fixadas pelos competentes Conselhos de Educação".

O **ensino superior** foi regulamentado pela Lei nº 5.540/68. O artigo 17 trata das modalidades de cursos a serem ministrados nas universidades e nos estabelecimentos isolados de ensino superior:

a) *de graduação:* abertos à matrícula de candidatos que hajam concluído o ciclo colegial ou equivalente e tenham sido classificados em concurso vestibular;

b) *de pós-graduação:* abertos à matrícula de candidatos diplomados em cursos de graduação ou que apresentam títulos equivalentes;

c) *de especialização e aperfeiçoamento:* abertos à matrícula de candidatos diplomados em cursos de graduação ou que apresentam títulos equivalentes;

d) *de extensão e outros:* abertos a candidatos que satisfaçam os requisitos exigidos.

O Conselho Federal de Educação dividiu os cursos de pós-graduação em *lato sensu* e *stricto sensu*. Os primeiros são os cursos de *especialização e aperfeiçoamento* e, os segundos, *os de mestrado e doutorado*.

2. Segunda LDB - Lei de Diretrizes e Bases da Educação Nacional

2.1 - Níveis

Nesta Lei, a de nº 9.394, de 20 de dezembro de 1996, há um título inteiro, o "v", dedicado aos níveis e modalidades de educação e ensino.

Dois são os níveis da educação escolar brasileira, conforme define o Capítulo I:

a) *educação básica:* compreendendo a educação infantil, o ensino fundamental e o ensino médio; e

b) *educação superior:* com os cursos seqüenciais, de graduação, pós-graduação e extensão.

2.1.1 - Educação básica

A - Aspectos gerais

a) Objetivos

Os **objetivos** definidos são:

· desenvolver o educando e assegurar-lhe a formação comum indispensável para o exercício da cidadania; e
· fornecer ao educando meios para progredir no trabalho e em estudos posteriores.

A educação básica poderá ser **organizada** em séries anuais, períodos semestrais, ciclos, alternância regular de períodos de estudos, grupos não-seriados, com base na competência e em outros critérios, ou por forma diversa de organização, sempre que o interesse do processo de aprendizagem assim o recomendar.

O **calendário escolar** deve ser adequado às peculiaridades locais, inclusive climáticas e econômicas. Esta adequação, que é muito salutar, deverá ser criteriosamente definida pelo sistema de ensino ao qual pertencer a escola, sem, no entanto, reduzir o número de horas letivas, isto é, oitocentas horas de carga horária mínima anual, distribuídas em, pelo menos, duzentos dias de efetivo trabalho. O tempo reservado aos exames finais, se houver, não será computado como dia de efetivo trabalho.

b) Classificação do aluno:

Há três formas de **classificar o aluno** para matriculá-lo numa série ou etapa:

a) *por promoção:* quando o aluno freqüentou a série ou fase anterior, na própria escola e obteve bom aproveitamento;
b) *por transferência:* aluno oriundo de outras escolas do mesmo nível;
c) *por avaliação:* para matricular o aluno em série ou etapa mais adequada, independentemente de escolarização anterior. Esta prática deverá ser regulamentada pelo respectivo sistema de ensino.

c) Avaliação de rendimento escolar:

O **rendimento escolar** obedecerá a alguns critérios:

a) o desempenho do aluno será medido por um processo de avaliação contínua e cumulativa, prevalecendo os aspectos qualitativos sobre os quantitativos. Valerão mais os resultados obtidos ao longo do período, série, etapa etc., sobre os de eventuais provas finais;
b) os alunos com atraso escolar terão possibilidades de aceleração de estudos;
c) possibilidade para o aluno avançar nos cursos e nas séries, desde que feita a verificação do aprendizado;

d) os estudos concluídos com êxito poderão ser objeto de aproveitamento;
e) casos de baixo rendimento escolar serão passíveis de estudos de recuperação, de preferência paralelos ao período letivo.

O **controle da freqüência** é de responsabilidade da escola, mas exigindo a freqüência mínima de 75% do total de horas letivas para aprovação.

Também são de responsabilidade da escola: **a expedição de históricos escolares, as declarações de conclusão de série, os diplomas** ou **certificados** de conclusão de cursos. Tais documentos escolares deverão ter as especificações cabíveis.

B - Educação infantil

As leis de ensino anteriores, 4.024/61 e 5.692/71, davam **denominações** diferentes para esse tipo de educação: **educação pré-escolar** para a primeira, e **"educação que preceda o ensino de primeiro grau"** para a segunda. Já foi, também, denominada de **"ensino pré-1º grau"** pelo Anuário Estatístico do Brasil, de 1980. As denominações **"creche"** e a estranha **"pupileira"** já foram usadas no lugar do berçário, mas desprezadas por conotação negativa. A nova LDB a denomina **educação infantil** e deve ser oferecida em:

a) **creches ou entidades equivalentes,** para crianças até três anos de idade; e
b) **pré-escolas,** para crianças de quatro a seis anos de idade.

Esta educação tem como **objetivo geral** o desenvolvimento integral da criança até seis anos de idade, em seus aspectos físico, psicológico, intelectual e social, complementando a ação da família e da comunidade.

A **avaliação** será feita mediante acompanhamento e registro do desenvolvimento da criança, sem objetivo de promoção, mesmo para o acesso ao ensino fundamental.

C - Ensino fundamental

Este ensino, com oito anos de duração, obrigatório e gratuito na escola pública, objetiva a formação básica do cidadão mediante:

a) o desenvolvimento da capacidade de aprender, tendo como meios básicos o pleno domínio da leitura, da escrita e do cálculo;
b) a compreensão do ambiente natural e social, do sistema político, da tecnologia, das artes e dos valores em que se fundamenta a sociedade;
c) o desenvolvimento da capacidade de aprendizagem, tendo em vista a aquisição de conhecimentos e habilidades e formação de atitudes e valores;
d) o fortalecimento dos vínculos de família, dos laços de solidariedade humana e de tolerância recíproca em que se assenta a vida social.

Será permitido que os sistemas de ensino desdobrem o ensino fundamental em ciclos. Assim, por exemplo, poderemos ter o 1º ciclo (1ª a 4ª séries) e 2º ciclo (5ª a 8ª séries) ou, ainda, ciclo básico (1ª e 2ª séries); ciclo intermediário (3ª, 4ª e 5ª séries) e ciclo terminal (6ª, 7ª e 8ª séries) etc. A lei não fixa, mas deixa a cargo de cada sistema dividir ou não o ensino fundamental em ciclos.

A **jornada escolar** será de, no mínimo, quatro horas de trabalho efetivo em sala de aula, aumentando, progressivamente, o período de permanência dos alunos na escola. Também, progressivamente, o ensino fundamental será ministrado em tempo integral, com exceção do noturno e de outras formas alternativas de organização previstas na LDB.

D - Ensino médio

Este tipo de ensino terá a duração mínima de três anos, com os seguintes **objetivos**:

a) consolidar e aprofundar os conhecimentos adquiridos no ensino fundamental, possibilitando o prosseguimento de estudos;
b) preparar o aluno para o trabalho e para o exercício da cidadania, e, também, para que possa continuar aprendendo, de modo a ser capaz de se adaptar com flexibilidade à novas condições de ocupação ou aperfeiçoamento posteriores;
c) aprimorar o educando como pessoa humana, incluindo a formação ética e o desenvolvimento da autonomia intelectual e o pensamento crítico;
d) fazer com que o educando compreenda os fundamentos científico-tecnológicos dos processos produtivos, relacionando a teoria com a prática no ensino de cada disciplina.

O ensino médio poderá propiciar ao educando o exercício de profissões ou a preparação geral para o trabalho e, facultativamente, concorrer para que tenha uma habilitação profissional. Esta última poderá ser oferecida no próprio estabelecimento ou em cooperação com instituições especializadas em educação profissional, como, por exemplo, Senac, Senai etc.

Os **cursos** serão dados em instituições especializadas ou no próprio ambiente de trabalho e poderão estar articulados ao ensino regular ou em forma de educação continuada.

Os **diplomas** de nível médio deste tipo de educação terão validade nacional, se registrados pelo MEC ou por quem ele delegar.

2.1.2 - Educação superior

Os objetivos da educação superior são:

a) estimular a criação cultural e o desenvolvimento do espírito científico e do pensamento reflexivo;
b) formar diplomados nas diferentes áreas de conhecimento, aptos para a inserção em setores profissionais e para a

participação no desenvolvimento da sociedade brasileira, e colaborar na sua formação contínua;
c) incentivar o trabalho de pesquisa e investigação científica, visando ao desenvolvimento da ciência, da tecnologia e da criação e difusão da cultura; e, desse modo, desenvolver o entendimento do homem e do meio em que vive;
d) promover a divulgação de conhecimentos culturais, científicos e técnicos que constituem patrimônio da humanidade, e comunicar o saber por meio do ensino, de publicações ou de outras formas de comunicação;
e) suscitar o desejo permanente de aperfeiçoamento cultural e profissional e possibilitar a correspondente concretização, integrando os conhecimentos que vão sendo adquiridos numa estrutura intelectual sistematizadora do conhecimento de cada geração;
f) estimular o conhecimento dos problemas do mundo presente, em particular os nacionais e regionais, prestar serviços especializados à comunidade e estabelecer com esta uma relação de reciprocidade;
g) promover a extensão, aberta à participação da população, visando à difusão das conquistas e benefícios resultantes da criação cultural e da pesquisa científica e tecnológica geradas na instituição.

Os **cursos** e **programas** da educação superior são:

a) *seqüenciais* por campo de saber, de diferentes níveis de abrangência, abertos a candidatos que atendam aos requisitos estabelecidos pelas instituições de ensino;
b) de *graduação*, abertos a candidatos que tenham concluído o ensino médio ou equivalente, e tenham sido classificados em processo seletivo;
c) de *pós-graduação*: programas de mestrado e doutorado e cursos de especialização e aperfeiçoamento e outros, abertos a candidatos diplomados em cursos de graduação, e atendam às exigências das instituições de ensino;

d) de *extensão*, abertos a candidatos que atendam aos requisitos estabelecidos em cada caso pelas instituições de ensino.

A **autorização**, o **reconhecimento** e o **credenciamento** das universidades e instituições de educação superior terão prazos limitados e renovados, periodicamente, após processo regular de avaliação.

O **ano letivo**, independentemente do ano civil, tem, no mínimo, duzentos dias de trabalho efetivo, excluído o tempo reservado aos exames finais, quando houver.

Os programas de cursos e demais componentes curriculares, sua duração, requisitos, qualificação dos professores, recursos disponíveis e critérios de avaliação, assim como a obrigação de cumprir tais condições, serão obrigatoriamente informados aos interessados pelas respectivas instituições.

A freqüência de alunos e professores é obrigatória, a não ser nos programas de educação a distância.

Os **diplomas** expedidos por universidades serão por elas mesmas registrados e terão validade nacional. Os de instituições não-universitárias, por universidades indicadas pelo Conselho Nacional de Educação (CNE) e terão, também, validade nacional.

A **transferência** de alunos regulares poderá ser aceita se houver vagas e mediante processo seletivo.

2.2 - Modalidades

2.2.1 - Educação de jovens e adultos

É a destinada para educar aqueles que não tiverem, na idade própria, acesso ou continuidade de estudos no ensino fundamental e médio.

Haverá exames para a conclusão de ensino fundamental e médio, exigindo, no mínimo, 15 e 18 anos de idade, respectivamente. Também os conhecimentos e habilidades adquiridos por meios informais poderão ser aferidos e reconhecidos mediante exames.

Os sistemas de ensino organizarão e manterão os cursos de educação de jovens e adultos, assim como os exames supletivos para habilitar o educando a prosseguir seus estudos no ensino regular.

2.2.2 - Educação profissional

Tem por **objetivo geral** a condução de educando ao permanente desenvolvimento de aptidões para a vida produtiva.

Deverá estar integrada às diferentes formas de educação, ao trabalho, à ciência e à tecnologia.

Terá direito ao **acesso**, o aluno matriculado ou egresso do ensino fundamental, médio ou superior, trabalhador em geral, jovem ou adulto.

2.2.3 - Educação especial

A **educação especial** é a modalidade de educação escolar oferecida, preferencialmente, na rede regular de ensino, para educandos portadores de necessidades especiais, com início na faixa etária de zero a seis anos, durante a educação infantil.

Condições que os sistemas de ensino deverão oferecer para a educação especial:

a) currículos, métodos, técnicas, recursos educativos e organização específica para atender bem à clientela;
b) para os educandos que não puderem atingir o nível exigido para a conclusão do ensino fundamental será oferecida a terminalidade específica de acordo com suas capacidades;
c) os superdotados terão possibilidade de terminar o curso em menor tempo;
d) professores especializados para o atendimento a este tipo de educandos;

e) educação especial para o trabalho e efetiva integração na vida em sociedade, no trabalho e em cursos posteriores;
f) acesso do educando especial aos benefícios dos programas sociais da educação regular.

Instituições privadas sem fins lucrativos, que atendam à educação especial, poderão ter apoio técnico e financeiro do Poder Público.

Quadros atuais de estrutura do sistema educacional brasileiro:

I - NÍVEIS

EDUCAÇÃO SUPERIOR	Pós-Graduação	Doutorado
		Mestrado
		Especialização
		Aperfeiçoamento
	Graduação	Humanas
	Extensão	Exatas
	Sequências	Biológicas
EDUCAÇÃO BÁSICA	ENSINO MÉDIO	
	ENSINO FUNDAMENTAL	Divisão em séries ou ciclos, a critério de sistema de ensino
	EDUCAÇÃO INFANTIL	Pré-escolas
		Creches

II - MODALIDADES

EDUCAÇÃO BÁSICA	ENSINO MÉDIO E FUNDAMENTAL	Educação de Jovens e Adultos
		Educação Profissional
	EDUCAÇÃO INFANTIL, ENSINO FUNDAMENTAL E MÉDIO	EDUCAÇÃO ESPECIAL

Níveis e Modalidades de Educação e Ensino

Quadro comparativo
Estrutura do sistema educacional brasileiro desde a Lei nº 4.024/61 até 9.394/96

Lei nº 4.024, de 20/12/61	Lei nº 5.692, de 11/8/71	Lei nº 7.044, de 18/10/82	Idade	Lei nº 9.394, de 20/12/96		
ENSINO SUPERIOR Duração variável, conforme o curso. Profissões de nível superior	ENSINO SUPERIOR Idem	ENSINO SUPERIOR Idem	24 23 22 21 20 19 18	EDUCAÇÃO SUPERIOR	Pós-Graduação	Doutorado Mestrado Especialização Aperfeiçoamento
					Extensão Graduação Sequenciais	Humanas Exatas Biológicas
E CICLO COLEGIAL N SECUNDÁRIO TÉCNICO S (Comercial, Industrial, I Agrícola e outros) N NORMAL O	ENSINO DE 2º GRAU Duração de 3 a 4 séries anuais, conforme a habilitação profissional. Duração de 2 anos, no mínimo, a 5, no regime de matrícula por disciplina	ENSINO DE 2º GRAU Duração de 3 séries anuais, pelo menos. Este mínimo poderá ser ampliado pelo CFE, quando se tratar de habilitação profissional. Duração de 2 anos, no mínimo, a 5, no máximo, no regime de matrícula por disciplina	17 16 15 14	EDUCAÇÃO BÁSICA	ENSINO MÉDIO	Divisão em séries ou ciclos a critério do respectivo sistema de ensino
M CICLO GINASIAL É SECUNDÁRIO TÉCNICO D (Comercial, Industrial, I Agrícola e outros) O NORMAL	ENSINO DE 1º GRAU Duração de 8 séries anuais. Nas primeiras séries, exclusivamente educação geral	ENSINO DE 1º GRAU Duração de 8 séries anuais. Núcleo comum + Parte diversificada	13 12 11 10 9		ENSINO FUNDAMENTAL	
ENSINO PRIMÁRIO Duração de 4 anos (podendo estender-se até 6)	Nas últimas séries, educação geral + formação especial (sondagem de aptidões e iniciação para o trabalho)		8 7 6			
EDUCAÇÃO PRÉ-PRIMÁRIA Jardins de Infância Escolas maternais	EDUCAÇÃO PRÉ-ESCOLAR Jardins de Infância Escolas maternais	EDUCAÇÃO PRÉ-ESCOLAR Idem	5 4 3 2 1 Idade		EDUCAÇÃO INFANTIL	PRÉ-ESCOLA
						CRECHE

69

Leituras

"A - A educação pré-escolar: breves informações*

1 - Legislação

"Quanto à educação pré-escolar, a Lei (4.024/61) foi também muito sóbria ao dispor simplesmente que:
"Art. 19...
§ 1º...
§ 2º - Os sistemas de ensino velarão para que as crianças de idade inferior a sete anos recebam conveniente educação em escolas maternais, jardins-de-infância e instituições equivalentes".

A Lei 4.024/61, por sua vez, estabelecia, nos seus artigos 23 e 24 (posteriormente revogados pela Lei 5.692/71), que:
"Art. 23 - A educação pré-primária destina-se aos menores até sete anos e será ministrada em escolas maternais e jardins-de-infância."
"Art. 24 - As empresas que tenham a seu serviço mães de menores de sete anos serão estimuladas a organizar e manter, por iniciativa própria ou em cooperação com os poderes públicos, instituições de educação pré-primária."
Todavia, o art. 61 da Lei 5.692/71 praticamente revigorou esse art. 24, ao dispor:
"Art. 61 - Os sistemas de ensino estimularão as empresas que tenham em seus serviços mães de menores de sete anos a organizar e manter, diretamente ou em cooperação, inclusive com o Poder Público, educação que preceda o ensino de 1º grau."
O Conselho Federal de Educação, por sua vez, já emitiu vários pronunciamentos sobre a educação pré-escolar, tais como:

---

* BARROS, Samuel Rocha. *Estrutura e funcionamento do ensino de 1º grau*. São Paulo, Francisco Alves, 1985, 3ª ed., pp. 435-441.

1 - Indicação nº 45/74. In: *Documenta* nº 164, julho, 1974, p. 40.
2 - Parecer nº 2.018/74. In: *Documenta* nº 164, julho, 1974, p. 36.
3 - Parecer nº 1.600/75. In: *Documenta* nº 174, maio, 1975, p. 67.
4 - Parecer nº 2.521/75. In: *Documenta* nº 176, julho, 1975, p. 17.
5 - Conferência proferida na XIII Reunião Conjunta do CFE com os Conselhos Estaduais, em setembro de 1976, pela Conselheira Eurides Brito da Silva, sobre o tema "Antecipação do Início da Escolarização".
6 - Parecer nº 1.038/77. In: *Documenta* nº 197, abril, 1977, p. 45.
7 - A Pré-Escola e o Projeto Nacional de Educação. Conferência pronunciada no I Simpósio de Educação Pré-Escolar, em julho de 1979, pelo conselheiro Paulo Nathanael Pereira de Souza. In: *Documenta* nº 236, julho, 1980, p. 15.
8 - Parecer nº 792/80. In: *Documenta* nº 236, julho, 1980, p. 146.
9 - Parecer nº 1.112/80, sobre a Indicação nº 8/79 (O ingresso no ensino de 1º grau). In: *Documenta* nº 239, outubro, 1980, p. 13.

2 - Denominação

A denominação *educação pré-escolar* baseia-se no fato de destinar-se à criança na idade pré-escolar. Considera-se *idade escolar* a de sete anos. Logo, a educação pré-escolar é aquela que se destina às crianças de zero a seis anos. Quando a nomenclatura dos graus de ensino se referia a *ensino primário* (até a Lei 5.692/71), denominava-se *educação pré-primária*. A Lei 5.692/71 refere-se à "educação que preceda o ensino de 1º grau". O Anuário Estatístico do Brasil, de 1980, adota a nomenclatura "ensino de pré-1º grau".

Especialistas em educação pré-escolar vêm preferindo referir-se à *educação da criança de zero a seis anos*, evitando, assim, tanto a expressão pré-escolar quanto pré-1º grau. Com isso pretendem retirar da denominação a possível conotação com o simples preparo da criança para a escola de 1º grau, uma vez que essa educação tem finalidades e objetivos próprios, tem valor por si mesma: visa ao "desenvolvimento pleno da criança e sua integração social", por meio da *formação de hábitos e desenvolvimento psicomotor*.

A *idade escolar* corresponde ao período que começa aos sete anos e vai até o início da adolescência. É assim chamada porque "a maioria dos países nela tem fixado a obrigatoriedade da matrícula e freqüência às escolas públicas" (Lourenço Filho, in: *Organização e administração escolar*). "Aos sete anos declinam as características do comportamento egocêntrico das idades anteriores. A criança atinge certo nível de maturação que lhe facilita o trabalho escolar comum. Sabe vir e ir, dispõe de suficiente vocabulário, interessa-se em observar, analisar e concluir por si mesma, pode manter atenção em um mesmo assunto por prazos mais ou menos longos. Em alta percentagem, atinge os níveis de maturidade que a habilitam a iniciar com êxito a aprendizagem da leitura e escrita". (Lourenço Filho, op. cit.).

Por esses motivos, a educação da criança, antes dos sete anos, dá-se normalmente no seio da família. No entanto, razões de natureza socioeconômica, e mesmo ambiental, notadamente nas cidades de maior porte, levaram à criação de instituições especialmente voltadas à educação da criança nessa fase. Ela se dá, portanto, fora do ambiente do lar e das influências da família.

3 - Instituições de educação pré-escolar

As unidades pré-escolares são, em geral, constituídas por:

1 - Maternal ou Escola Maternal, compreendendo:
Maternal 1 - crianças de 1 a 2 anos;
Maternal 2 - crianças de 2 a 3 anos;
Maternal 3 - crianças de 3 a 4 anos.

2 - Jardim-de-infância, compreendendo:
1º período ou Jardim 1 - crianças de 4 a 5 anos;
2º período ou Jardim 2 - crianças de 5 a 6 anos;
3º período ou Jardim 3 - crianças de 6 a 7 anos (incluindo, ou não, alfabetização).

Para crianças de zero a um ano, o *Berçário*. A denominação *Creche*, em geral destinada a crianças abandonadas, é pouco adotada, tendo em vista essa conotação negativa. O mesmo ocorre com *Pupileira*.*

O primeiro Jardim-de-infância foi criado em 1837, por Fröebel, em Blankeburg, Alemanha (em alemão: *Kindergarten, Kind* = criança; *Garten* = jardim). Deve-se a Firmim Marbeau (Paris, França, 1844) a criação da primeira creche, destinada a "recolher crianças de rua, e organizada com a finalidade de evitar a desgraça em que se tornara o serviço *guardeuses d'enfants* (que tinha "a finalidade única de retirar das ruas as crianças que perambulavam famintas enquanto suas mães trabalhavam nas fábricas, muitas vezes em regimes de 16 a 18 horas de trabalho, ou resguardar dos olhos da sociedade um segundo estorvo que eram os filhos de uniões ilegítimas". Foram, aliás, esses os objetivos iniciais da *creche*. (In: *Educação pré-escolar*, de Gilda Rizzo, 2ª ed., São Paulo, Francisco Alves, 1983).

Outra figura notável no campo da educação de crianças menores de seis anos foi Maria Montessori, uma das primeiras mulheres a receber o título de doutora em medicina, na Itália (1870-1952). Em 1907, Montessori criou a "Casa dei Bambini" (Casa das Crianças), e em 1909 publicou o "Método Montessori".

4 - Finalidade da educação pré-escolar

"A preocupação com a assistência ao pré-escolar" – afirma o Parecer CFE nº 1.600/75 (*Documenta* nº 174, maio, 1975, p. 67) – "é um fato relativamente recente". Felizmente, hoje, todos sabem que não existe um "tempo de aprender" – por volta dos sete anos. Não se teme, mais, instruir "muito cedo" as crianças, idéia defendida antes de surgir a educação pré-escolar por alguns, como Montaigne.

A pré-escola coloca sua ênfase na formação de hábitos e no desenvolvimento psicomotor. Ela constitui "um ambiente especial,

---

* Pupileira: termo sem nenhuma explicação lógica, a não ser que é derivado de "pupilo".

deliberadamente criado para oferecer condições ótimas que propiciem o desenvolvimento máximo da criança antes dos sete anos, e sua integração social" (Rizzo, op. cit.).

Fröebel (1820) afirmava que "a criança é como a planta que não consegue espaço para crescer, sufocada pelo mato. Se é oprimida por uma educação errônea, se estiola, física e moralmente. Sem isso, contudo, poderia vir a ser um indivíduo plenamente desenvolvido, particularmente no jardim da vida". Daí dar à sua escola o nome de "jardim-de-infância".

A importância da educação pré-escolar está em que:

"Metade da futura altura da criança é atingida aos dois anos e meio. Metade da agressividade masculina estabelece-se aos três anos. Metade da intelectualidade da pessoa, assim como a inteligência geral formam-se aos quatro anos. Aos seis, quando entra para a escola, a criança já desenvolveu dois terços da inteligência que terá na maturidade. Até mesmo em relação ao desempenho puramente acadêmico, pelo menos um terço do desenvolvimento observado aos 18 anos ocorreu antes da entrada para a 1ª série da escola primária". "A inteligência infantil cresce tanto durante os quatro primeiros anos de vida, como nos treze seguintes. Aos dois ou três, a criança pode aprender qualquer língua, talvez mesmo várias línguas, mais facilmente que o adulto." (*Apud: A pré-escola e o Projeto Nacional de Educação*, Paulo Nathanael Pereira de Souza. In: *Documenta* nº 236, julho, 1980, p. 15.)

Deve-se notar que existe resistência à expressão *ensino pré-escolar*. Isso porque *ensino* implica aprendizagem formal, para a qual a criança, em geral, até os seis anos ainda não está apta, do ponto de vista neurofisiológico. Assim, há correntes de especialistas que rejeitam a alfabetização propriamente dita na pré-escola. Baseiam-se no fato de que a criança ainda não apresenta suficiente maturidade da estrutura cerebral. Por outro lado, nem os olhos (visão) nem os ouvidos (audição) estão suficientemente desenvolvidos para a aprendizagem da leitura.

Nessas condições, a pré-escola não deve ter compromissos com a antecipação da escolarização regular, a não ser em casos especiais, de crianças que apresentam nítidas demonstrações de suficiente maturidade ou *prontidão* para a leitura. Como se viu, a Lei nº 5.692/71 prevê a possibilidade da matrícula, no ensino regular de 1º grau, de alunos menores de sete anos (art. 19, §1º), de acordo com as normas de cada sistema de ensino.

Como se acentuou de início, a ênfase da educação pré-escolar situa-se nos objetivos da *formação de hábitos* e do *desenvolvimento psicomotor* da criança.

A formação de hábitos, segundo Rizzo, visa a três grandes objetivos:

a) levar a criança a tornar-se, gradativamente, independente e capaz de dirigir sua própria atividade;
b) levar a criança a assumir, gradativamente, atitudes de cuidado e preservação de sua própria vida e dos animais e vegetais à sua volta;
c) levar a criança a desempenhar comportamentos facilitados de sua vida social, baseada na compreensão de seus propósitos.

O desenvolvimento psicomotor abrange o desenvolvimento das funções de todo o corpo e de suas partes.

A educação pré-escolar assume, ainda, as feições de *educação compensatória*, destinada a suprir carências culturais, afetivas e nutricionais. Como sabemos, as crianças provenientes das periferias, vilas, favelas, ou seja, da pobreza ou das camadas sociais de baixo nível socioeconômico (que, no caso do Brasil, compõem a grande maioria) apresentam altos níveis carenciais, notadamente em relação à má nutrição protéico-calórica (conhecida, em medicina, pelas iniciais MPC). Sabe-se, igualmente, que a carência protéica provoca, até os três anos de idade, lesões cerebrais irreversíveis, a determinar acentuado *déficit* mental – um dos fatores do fracasso escolar verificado, não só no Brasil, mas em todos os países ou regiões de populações pobres. A deficiência mental representada pela defasagem entre idade cronológica e idade mental é tão difundida que alcança até mesmo os Estados Unidos – uma das sete nações mais desenvolvidas do mundo. Assim é que, em 1965, o presidente dos EUA, Lyndon Johnson, instituiu um programa nacional de educação compensatória ("Head Start" – literalmente, em inglês: *Head* = cabeça; *Start* = salto, pulo, partida, arrancada), destinado a submeter a uma terapêutica acelerada de compensação cultural, crianças provenientes de famílias pobres, e prestes a ingressar na escola primária (Paulo Nathanael, conferência citada).

Embora muito breves as informações aqui dadas a respeito dessa modalidade de educação (a pré-escolar), verifica-se quão importante é o seu papel no desenvolvimento pleno e harmônico da criança."

"B - A educação especial: breves informações*

1 - Legislação

A Lei nº 4.024/61, nos seus artigos 88 e 89 (não revogados pela Lei 5.692/71), estabelece:

"Art. 88 - A educação de excepcionais deve, no que for possível, enquadrar-se no sistema geral de educação, a fim de integrá-los na comunidade."

"Art. 89 - Toda iniciativa privada considerada eficiente pelos Conselhos Estaduais de Educação, e relativa à educação de excepcionais, receberá dos poderes públicos tratamento especial mediante bolsas de estudo, empréstimos e subvenções."

A Lei nº 5.692/71, por sua vez, atribui aos Conselhos de Educação competência para fixarem normas destinadas a regular o tratamento especial que deverão receber os alunos: com deficiências físicas ou mentais, os que se encontrarem em atraso considerável quanto à idade regular de matrícula e os superdotados (Art. 69).

---

* BARROS, Samuel Rocha. *Estrutura e funcionamento do ensino de 1º grau*. São Paulo, Francisco Alves, 1985, 3ª ed., pp. 429-34.

Trata-se, como se vê, da *educação especial* ou *educação de excepcionais* (infra e superdotados).

Deve-se, portanto, analisar, em cada Unidade da Federação, o instrumento (resolução, deliberação, parecer) que haja fixado essas normas. Analisar, também, o Parecer CFE nº 1.682/74 (In: *Documenta* nº 163, junho, 1974).

2 - Definição

"O termo *criança excepcional* inclui tanto os deficientes quanto os superdotados, assim como todos aqueles que se desviam da média, a ponto de requererem tratamento ou educação especiais, a fim de realizarem o máximo de suas possibilidades." (Comissão de Classes Especiais da Conferência da Casa Branca sobre "A saúde e a proteção da criança", In: *Boletim Claparède* nº 8, mar.-ago./83. Fundação Helena Antipoff, Fazenda do Rosário, Ibirité, MG, p. 22.)

O termo *excepcional*, a partir de 1930, ganhou a preferência dos especialistas dentre as outras denominações até então usadas: criança anormal ou retardada, atípica; deficiente mental ou deficitário intelectual. São expressões que pretendem rotular as crianças que escapam à normalidade estatística, no sentido da *deficiência*, ou seja, crianças infradotadas ou subdotadas. Considerando, no entanto, que os desvios da média estatística abrangem crianças situadas em ambos os extremos das escalas, o termo *excepcional* é preferível, porque alcança, como se disse, tanto os infradotados quanto os superdotados, embora, por razões óbvias, as atenções dos especialistas se voltem, com maior intensidade, para os primeiros, isto é, os *deficientes*.

A denominação, segundo alguns, é inadequada e inconveniente quando aplicada a oligofrênicos. Bastos,* por exemplo, entende que, significando o termo *excepcional* – superior, extraordinário,

---

* BASTOS, Othon. In: *Boletim Claparède*. Fundação Helena Antipoff. Fazenda do Rosário, Ibirité, MG, pp. 21-8.

invulgar, importante, ou raro, quando utilizado na designação de oligofrênicos, representa verdadeiro eufemismo, por meio do qual se "buscaria encobrir em particular o caráter infamante e pejorativo do *déficit* e da condição de doente". Afirma que, em face disso, o termo deve "ser utilizado sobretudo como expressão jornalística e de relações públicas". Nos meios científicos, no entanto, "é preciso respeitar a verdade semântica e agir de acordo com a exatidão e o rigor científicos".

3 - Classificação

BAKER* classifica os menores excepcionais nos seguintes grupos:

1 - *Deficientes físicos:* portadores de defeitos ortopédicos, visuais, auditivos e da fala; cegos, surdos; portadores de desordens do crescimento físico e de baixa vitalidade.
2 - *Os que apresentam alterações do desenvolvimento mental:* os retardados na leitura, os mentalmente subnormais, os débeis mentais, os que aprendem a ler com extrema rapidez e os mentalmente superdotados.
3 - *Os portadores de desvios mentais:* doenças neurológicas e psicogênicas, epilepsias, condições psicóticas e distúrbios neurológicos diversos.
4 - *Os que apresentam distúrbios de conduta.*
5 - *Os portadores de atraso educacional:* retardados do ponto de vista educacional e os que apresentam certas incapacidades educacionais.

Telford & Sawrey, em sua conhecida obra *O indivíduo excepcional*, classificam os excepcionais segundo a área ou modo de desvio primário, a saber:

---

* In Othon Bastos, op. cit.

1 - *Desvio intelectual:* em que se incluem, na parte inferior da escala de inteligência, os retardados mentais, os casos de fronteira (fronteiriços) e os apáticos ou deprimidos; na parte superior, os indivíduos bem-dotados ou talentosos.
2 - *Desvio sensorial:* em que se incluem as deficiências totais ou parciais da audição e da visão, bem como os distúrbios relacionados com sensação de dor (analgesia), com a sensibilidade cutânea (anestesia cutânea), com o sentido do olfato (anosmia), com o sentido do paladar, com a sensibilidade motora, ou cinestesia. Afora as deficiências visuais e auditivas, as demais têm pouca relevância estatística.
3 - *Desvio motor:* em que se incluem os mutilados, os ortopedicamente deficientes, os defeituosos da fala e os epiléticos, embora alguns relutem em catalogar os distúrbios da fala nessa área, preferindo criar para estes outro grupo.
4 - *Desvio de personalidade:* em que se incluem os casos relacionados com distúrbios emocionais ou da personalidade, que reconhecem uma graduação imperceptível, chegando aos extremos das neuroses e das psicoses.
5 - *Desvio social:* em que se incluem os transviados sociais.

A Dra. Blandina,* ex-diretora do Departamento de Programas Especiais e Culturais/SEE/MG, com base em sua experiência pessoal, adota a seguinte classificação para *excepcionais infradotados:*

1 - Deficientes mentais: dependentes, treináveis, educáveis;
2 - Deficientes sensoriais: fala, audição, visão (parcial ou total);
3 - Deficientes múltiplos;
4 - Deficientes físicos não-sensoriais;
5 - Desajustados (psicossociais, psiconeurológicos e os que apresentam dificuldades específicas de aprendizagem).

---

* Dra. Maria Blandina de Melo Todeschi. In: Parecer nº 135/77, do CEE/MG, Publ. no M.G. de 12/5/1977. Relator: conselheiro Samuel Rocha Barros.

No documento intitulado "Diagnóstico do Ensino Especial – Minas Gerais, 1975, Relatório de Pesquisa, CENESP/MEC/DEP/SEE-MG, encontram-se as seguintes definições operacionais dos diferentes tipos de excepcionalidade:

a) *deficiente mental:* indivíduo que apresenta *déficit* no rendimento intelectual;
b) *deficiente da visão:* abrange cegos e amblíopes;
c) *deficiente da audição:* abrange surdos e hipoacústicos;
d) *deficiente físico:* indivíduo que possui comprometimento ortopédico e neurológico;
e) *deficiente múltiplo:* indivíduo que apresenta mais de uma deficiência;
f) *deficiente de conduta:* indivíduo que apresenta problemas de adaptação social, distúrbio evolutivo e emocional;
g) *deficiente da fala:* indivíduo que apresenta problema na voz, na fala e na linguagem.

4 - Objetivo

A educação especial, entre nós, tem-se limitado propriamente à *educação do deficiente*. Ainda não damos oportunidade de tratamento especial aos talentosos, aos superdotados. Em ambos os casos, a educação demanda ambientes especiais, equipamentos adequados, recursos humanos especializados e uma série de requisitos destinados ao atendimento individualizado, o que onera sobremodo a família ou a instituição que se proponha a oferecer esse tipo de atendimento.

Tratando-se da educação de deficientes, tem ela alto sentido humano-social, "posto que, do ponto de vista de investimento de retorno imediato, tal educação parece antieconômica". "No entanto, a criança deficiente, através de uma educação específica, tem suas possibilidades aguçadas no momento oportuno, o que concorre para o mínimo necessário de independência física e social do infradotado, reduzindo, em parte, o encargo social que ele representa."

Pode-se definir do seguinte modo o *objetivo fundamental* da Educação Especial: "[...] o desenvolvimento do indivíduo portador de qualquer excepcionalidade, mediante o uso de um sistema intencional de meios especiais, de modo a assegurar-lhe a realização, o mais independentemente possível, como pessoa, proporcionando-lhe, também, meios de integração como ser social".* Como se vê, essa definição assenta melhor à educação do deficiente, principal preocupação da educação especial."

---

* Parecer CEE/MG nº 135/77, op. cit.

VI

Os Profissionais da Educação

1. Comentários

A melhor introdução ao estudo dos profissionais da educação é a citação de um trecho do livro *Educação brasileira: o ensino de 1º e 2º graus*, São Paulo, Saraiva, 1982, do emérito educador Prof. Valnir Chagas, p. 308: "O magistério que hoje se reclama tem de ser um campo aberto como ponto de encontro das mais variadas tendências e soluções. Essa abertura se impõe não só diante das diretrizes atuais como em face da nossa própria experiência, até os anos 30, se abstrairmos a contribuição das escolas normais, professor era todo aquele que, por vocação ou necessidade, se dedicava a ensinar com ou sem preparo específico para tanto; e geralmente sem preparo, a regra consistia na improvisação, mas ainda assim tivemos grandes mestres: talvez tantos quanto hoje, ou até mais que hoje, se guardadas as proporções. De então em diante, numa simetria com outras profissões que não correspondia à natureza e à realidade do trabalho educacional, criaram-se os esquemas de formação próprios com a declarada pretensão de 'fechar' o magistério a quem para ele não exibisse o diploma específico. Claro que isso não aconteceu até agora, conquanto estivesse previsto para meados dos anos 40; e não cremos que possa ou deva mais acontecer".

Se se levar em conta da primeira LDB para cá, a lei que se preocupou com a formação dos profissionais da educação foi a de nº 5.540, de 28 de novembro de 1968, que "fixou normas de organização e funcionamento do ensino superior e sua articulação com a escola média". Seu artigo 30 dispunha que a formação dos professores para o ensino de 2º grau (ginásio e colégio juntos) e dos especialistas de educação seria em nível superior.

Na mesma lei insere-se o artigo 36, que trata da formação e do aperfeiçoamento de docentes do ensino superior, determinando que ela deve obedecer "a uma política nacional e regional, definida pelo Conselho Federal de Educação e promovida por uma comissão executiva, em cuja composição deverão incluir-se representantes do Conselho Nacional de Pesquisas, da Coordenação de Aperfeiçoamento de Pessoal de Nível Superior, do Conselho Federal de Educação, do Ministério do Planejamento e Coordenação Geral, do Fundo de Desenvolvimento Técnico-Científico, do Fundo Nacional de Desenvolvimento da Educação e das Universidades".

A outra lei de ensino a se preocupar com o magistério foi a de nº 5.692, de 11 de agosto de 1971, ao fixar as diretrizes e bases para o ensino de 1º e 2º graus. Encontram-se dispositivos sobre o assunto nos artigos de nºs 29 a 40 e nos de nºs 77 a 80 das Disposições Transitórias, todos prevendo uma formação do magistério elevando-se, progressivamente e sempre ajustada, às diferenças culturais de cada região do país.

O curso de magistério, em nível de 2º grau, formava o docente para atuar da 1ª à 4ª série do 1º grau. Também o docente para a pré-escola poderia ser formado nesse mesmo curso, como uma espécie de habilitação ou especialização.

A licenciatura de 1º grau, em curso de curta duração, formava o docente para trabalhar da 1ª à 8ª série.

A licenciatura plena formava o docente para lecionar em todo o 1º e o 2º grau, de acordo com a habilitação específica nas áreas de humanas, exatas ou biológicas.

Os chamados especialistas da educação para as funções de administrador, planejador, orientador educacional, inspetor escolar e supervisor escolar eram formados em curso superior de graduação, com duração plena ou curta, ou de pós-graduação.

Antes desta Lei 5.692/71, mas regulamentando outra (5.540/68), o Conselho Federal de Educação baixou a Resolução nº 02/69, anexa ao Parecer nº 252/69, definindo que os especialistas em educação fossem formados no curso de graduação em pedagogia.

Enquanto, no corpo principal, a Lei 5.692/71 fez todas essas exigências para a formação dos docentes e especialistas, nas suas Disposições Transitórias (artigos 77 a 80) os níveis eram abaixados até se permitir que as funções de magistério fossem exercidas por leigos, sem nenhuma formação, apenas com alguma complementação de estudos ou treinamento em serviço, bem diferente de como o problema é colocado na nova LDB, Lei nº 9.394, de 20 de dezembro de 1996. Nesta, como se verá a seguir, faz-se uma exigência mínima nos seus dispositivos principais, mas "aperta" nas disposições transitórias.

A nova LDB, ainda carente de muitas regulamentações, trata dos profissionais da educação no Título VI, artigos 61 a 67. No primeiro momento, definem-se os fundamentos da formação do pessoal para o magistério:

a) "a associação entre teorias e práticas, inclusive mediante a capacitação em serviço";
b) "aproveitamento da formação e experiências anteriores em instituições de ensino e outras atividades".

Os docentes para a educação básica (educação infantil, ensino fundamental e ensino médio) serão formados em nível superior, em curso de licenciatura de graduação plena. Faz-se, em seguida, exceção a esta regra geral, permitindo que os docentes para a educação infantil e para as 4 (quatro) primeiras séries do ensino fundamental sejam formados em nível de ensino médio, na modalidade "Normal". Esta abertura deve durar até o ano 2007, conforme o disposto no § 4º do artigo 87 das Disposições Transitórias; desta data em diante só serão admitidos professores, para a educação básica, habilitados em nível superior ou formados por treinamento em serviço. Há de se entender que este treinamento em serviço será para aqueles que, embora não tendo curso superior, gozam de estabilidade na função ou no cargo.

Além da universidade, outra modalidade de curso superior poderá formar docentes para a educação básica, o Instituto Superior de Educação, que manterá:

a) "cursos formadores de profissionais para a educação básica, inclusive o curso normal superior, destinado à formação de docentes para a educação infantil e para as primeiras séries do ensino fundamental";
b) "programas de formação pedagógica para portadores de diplomas de educação superior que queiram se dedicar à educação básica";
c) "programas de educação continuada para os profissionais de educação dos diversos níveis".

Os administradores escolares, os planejadores educacionais, os supervisores escolares, os inspetores escolares e os orientadores educacionais continuarão a ser formados em cursos de graduação em pedagogia ou em nível de pós-graduação.

Uma nova exigência desta LDB é a prática de ensino de, no mínimo, trezentas horas para a formação docente, exceto para o magistério superior, o que se fará em nível de pós-graduação, prioritariamente, em programas de mestrado e doutorado.

A nova LDB não prevê, como a anterior, a existência de um estatuto do magistério, mas determina que os sistemas devem promover a valorização dos profissionais da educação e assegurar-lhes no magistério público:

a) "ingresso exclusivamente por concurso de provas e títulos";
b) "aperfeiçoamento profissional continuado, inclusive com licenciamento periódico remunerado para esse fim";
c) "piso salarial profissional";
d) "progressão funcional baseada na titulação ou habilitação, e na avaliação do desempenho";

e) "período reservado a estudos, planejamento e avaliação, incluído na carga de trabalho";
f) "condições adequadas de trabalho".

Uma outra nova e interessante exigência é a prevista no parágrafo único do artigo 67: "A experiência docente é pré-requisito para o exercício profissional de quaisquer outras funções de magistério, nos termos das normas de cada sistema". Isto já acontece para o magistério público. Salvo melhor juízo, a exigência inclui o magistério particular.

Há ainda que se ressaltar a incumbência dos docentes no tocante à organização da educação nacional. O artigo 13 prescreve seis atribuições:

a) "participar da elaboração da proposta pedagógica do estabelecimento de ensino";
b) "elaborar e cumprir plano de trabalho, segundo a proposta pedagógica do estabelecimento de ensino";
c) "zelar pela aprendizagem dos alunos";
d) "estabelecer estratégias de recuperação para os alunos de menor rendimento";
e) "ministrar os dias letivos e horas-aula estabelecidos, além de participar integralmente dos períodos dedicados ao planejamento, à avaliação e ao desenvolvimento profissional";
f) "colaborar com as atividades de articulação da escola com as famílias e a comunidade.

O Prof. Valnir Chagas (op. cit, p. 309) afirma que: "A história revela, com impressionante regularidade, que a tarefa de ensinar tende a ser pouco atrativa econômica e socialmente. Quando lhe falta uma base de vocação, que a converta em fator de realização pessoal, ela é quase sempre uma atividade de trânsito para outros trabalhos mais compensadores. Isto explica não só a baixa valorização e procura dos cursos regulares de formação do magistério, que visivelmente se despovoam, como a própria fuga da profissão com índices às vezes superiores aos da evasão escolar dos alunos. Assim, longe de impedir ou repelir a colaboração de outros profissionais, deve-se mesmo atraí-los para a docência. Não, certamente, com o intuito único de resolver esse problema imediato do preenchimento quantitativo de quadros, mas sobretudo ante as vantagens que tal política tem a oferecer".

Leituras

A - MAGISTÉRIO: A progressão do professor na carreira não se baseará mais apenas no tempo de serviço. Ficará, também, vinculada a critérios objetivos que valorizam o mérito do professor.*

Diretrizes para o magistério

"A Câmara de Educação Básica do Conselho Nacional da Educação (CNE) aprovou, em definitivo, resolução que fixa as Diretrizes para os Novos Planos de Carreira e de Remuneração para o Magistério dos Estados, do Distrito Federal e dos Municípios.

"A aprovação dessa resolução vai significar, a médio prazo, uma efetiva valorização do magistério. As diretrizes só não foram aprovadas há mais tempo, pela Câmara de Educação Básica, porque tivemos que adequá-la à Nova Lei de Diretrizes e Bases da Educação (LDB) e aos preceitos do Fundo de Valorização do Magistério", disse o presidente da Câmara, o professor Carlos Roberto Jamil Cury.

A resolução define sete diretrizes básicas para a carreira e remuneração do magistério no país. A primeira delas propõe que o ingresso do professor na carreira seja feito somente por concurso público de provas e títulos. Estabelece, também, o grau de qualifi-

---

* *Jornal da Educação*, nov./95, nº 49, ano III, p. 16.

cação do professor, isto é, se o docente tem apenas o curso normal ou se tem curso superior.

A progressão no quadro de carreira não mais se baseará no tempo de serviço. Ficará, também, vinculada a critérios objetivos que valorizam o mérito do professor, com o maior tempo de exercício em sala de aula e titulação, como mestrado e doutorado. Para assumir o cargo de direção, o docente deverá ter, no mínimo, dois anos de experiência em sala de aula.

As novas diretrizes também exigem a necessidade do estágio probatório, já fixado na Lei 8.112 que rege o servidor público federal. A determinação do tempo desse estágio depende, ainda, do que for estipulado no projeto de Reforma Administrativa, em tramitação no Congresso Nacional. Outro critério define o afastamento do professor, salvo por motivos de saúde, quando vinculado a cursos de capacitação e treinamento.

A jornada de trabalho do docente deverá incluir de 20% a 25% de horas atendidas – horas semanais trabalhadas – em atividades ligadas à escola, como preparação das aulas, reuniões pedagógicas etc. A jornada de referência será de até 40 horas.

A remuneração dos docentes do ensino fundamental, de acordo com a resolução, deverá ser definida em uma escala cujo ponto médio terá como referência o custo médio aluno-ano de cada sistema estadual ou municipal. Este custo deverá ser calculado com base nos recursos que integram o Fundo de Manutenção e Desenvolvimento do Ensino Fundamental e de Valorização do Magistério, aos quais é adicionado o equivalente a 15% dos demais impostos, tudo dividido pelo número de alunos do ensino fundamental regular dos respectivos sistemas.

B - DOCENTES: Os programas especiais de formação pedagógica de docentes deverão se desenvolver em pelo menos 540 horas.*

Programas especiais de formação pedagógica de docentes

A Lei 9.394/96 – Lei de Diretrizes e Bases da Educação Nacional inova ao tratar da formação de profissionais da Educação, quando inclui em seu corpo normativo a possibilidade da formação pedagógica para diplomados em ensino superior, proporcionando a sua atuação no ensino básico. Ela expressa uma situação preocupante que vivemos há muitos anos no país, que é a carência dos professores para aquele ensino. No passado, medidas emergenciais foram adotadas por meio da autorização para funcionamento dos cursos de Esquema I e II.

Diante da nova LDB, o Egrégio Conselho Nacional de Educação tomou a Resolução nº 02/97, que "dispõe sobre os programas especiais da formação pedagógica de docentes para as disciplinas do currículo do ensino fundamental, do ensino médio e da educação profissional em nível médio", assim estabelecendo em seu art. 1º: "A formação de docente no nível superior para as disciplinas que integram as quatro séries finais de ensino fundamental, o ensino médio e a educação profissional em nível médio será feita em cursos regulares de licenciatura, em cursos regulares para portadores de diplomas de educação superior e, bem assim, em programas especiais de formação pedagógica estabelecido por esta resolução".

Os programas especiais de que trata a resolução CNE nº 02/97 deverão se desenvolver em pelo menos 540 horas, sendo a carga horária mínima da parte prática de 300 horas, a ser desenvolvida em instituições de ensino básico, envolvendo não apenas a preparação e o trabalho de sala de aula e sua avaliação, mas todas as atividades

---

* José Pires. *Jornal da Educação*, nov./95, nº 49, ano III, p. 14.

pedagógicas que integram o funcionamento da vida escolar. Tal prática deve se encontrar em perfeita harmonia e equilíbrio com os conteúdos teóricos, os quais deverão privilegiar o desenvolvimento do conhecimento e habilidades necessárias à docência, dando ênfase à metodologia de ensino da habilitação pretendida, devendo os programas especiais ser estruturados articuladamente com os seguintes núcleos:

a) Núcleo Contextual, visando à compreensão do processo de ensino-aprendizagem referido à prática da escola, considerando tanto as relações que se passam no seu interior com seus participantes quanto às suas relações, como instituição, com o contexto imediato e o contexto geral em que está inserida;
b) Núcleo Estrutural, abordando conteúdos curriculares, sua organização seqüencial, avaliação e integração com outras disciplinas, os métodos adequados ao desenvolvimento do conhecimento em pauta, bem como sua adequação ao processo de ensino-aprendizagem;
c) Núcleo Integrador, centrado nos problemas concretos enfrentados pelos alunos na prática de ensino, com vistas ao planejamento e reorganização do trabalho escolar, discutidos a partir de diferentes perspectivas teóricas por meio de projetos multidisciplinares com a participação articulada dos professores das várias disciplinas do curso.

Os programas especiais poderão ser oferecidos por universidades e instituições de ensino superior que já ministrem cursos de licenciatura nas disciplinas pretendidas sem prévia autorização e pelas demais instituições de ensino, mediante autorização do MEC. Todos os cursos no prazo de três anos deverão ser submetidos a processo de reconhecimento. A referida Resolução estabelece ainda a suspensão dos cursos regulamentados pela Portaria 432/71 e a emissão aos seus concluintes de certificados e registro profissional equivalentes à licenciatura plena.

Cabe ressaltar que os programas especiais poderão ser ministrados por meio de metodologia semipresencial na modalidade a distância, todavia tal matéria possui legislação própria a ser atendida.

C - A ética e a moral do profissional da educação

> "Saber e não fazer é não saber."
> (Máxima de Wall Street)

> "Falá é só fôlego; fazê é que é sustança."
> (Dito caipira revelando descrença no discurso sem ação)

Algumas considerações iniciais sobre o título para melhor entendê-lo e, assim, desenvolver o tema proposto.

As definições mais comuns de Ética são encontradas em dicionários e enciclopédias.

1 - "Ética é o estudo dos juízos de apreciação que se referem à conduta humana suscetível de qualificação do ponto de vista do bem e do mal, seja relativamente a determinada sociedade, seja de modo absoluto." (*Aurélio*, 1ª edição, 8ª reimpressão, 1979, p. 591);

2 - "Ética é a parte da filosofia que aborda os fundamentos da moral." (Grande Enciclopédia Larousse, vol. 10, 1998, p. 2.286);

3 - "Ética é o estudo filosófico da natureza e dos fundamentos do pensamento e das ações morais." (*Nova Enciclopédia Ilustrada* Folha, vol. 1, 1996, p. 323).

O ilustre professor Dr. Gofredo da Silva Telles Junior, em muitos dos seus escritos e de suas aulas, expressa: "que as normas da ação humana, por serem éticas, isto é, por serem normas da ordem ética, da ordem dos valores, da ordem da cultura, as normas éticas são chamadas, comumente, normas morais".

Então não se pode falar em ética sem abordar a moral que, com pequenas variações, tem sido definida como um conjunto sistemático das normas que orientam o homem para a realização de seu fim. Este não se confunde com o simples objetivo: um determinado alvo que o homem se propõe a conquistar pelos seus esforços, ou por toda a sua vida, como, por exemplo, o conforto, o prazer, as honras, o poder político etc., mas é uma destinação imanente a cada ser, mesmo independentemente de sua vontade; fim é a razão de ser de uma existência; é o seu sentimento profundo.

Há também que considerar a expressão "profissionais da educação". A nova LDB, Lei de Diretrizes e Bases da Educação, de nº 9.394/96 dedica todo o Título VI aos *"Profissionais* da Educação", separando-os em "Docentes" (para ministrar aulas) e "Não-docentes" (para as atividades de administração, planejamento, inspeção, supervisão e orientação educacional), conforme seus artigos 62 e 64, respectivamente. Embora nossa preocupação seja mais com os "não-docentes", muita coisa dita a seguir se aplica, também, aos "docentes", já que ambas as categorias lidam com seres humanos e seu trabalho deve ser orientado por princípios éticos e de moralidade.

Uma das mais simples e conhecidas divisões de escolas e correntes éticas é a que as classifica em três categorias:

1 - A primeira, derivada da Ética de Aristóteles, privilegiando as virtudes – justiça, temperança, calma e coragem – que provocam um sentimento de realização pessoal aos que as praticam e, simultaneamente, melhoram a sociedade onde vivem. Esta ética aristotélica é, também, qualificada como naturalista, em virtude de valorizar a harmonia entre a moralidade e a natureza humana.

2 - Outra categoria, liderada por Kant, tem como ponto central o "dever", a conhecida "deontologia" – estudo dos princípios,

fundamentos e sistemas de moral ou o tratado dos deveres. Para Kant, "a única coisa que se pode afirmar que seja boa em si mesma (e não apenas boa como meio ou instrumento) é a boa vontade, ou boa intenção, aquela que se põe livremente de acordo com o dever". Ainda de acordo com este filósofo, "o conhecimento do dever é conseqüência da percepção, pelo sujeito, de que ele é um ser racional e que, portanto, está obrigado a obedecer ao imperativo categórico: a necessidade de se respeitar todos os seres racionais na qualidade de fins em si mesmos". Assim, as idéias de Kant sobre a moralidade estão muito ligadas à sua visão de livre-arbítrio que, em filosofia, "é a possibilidade de exercer um poder sem outro motivo que não a existência mesma desse poder. Refere-se o livre-arbítrio principalmente às ações e à vontade humana, e pretende significar que o homem é dotado de poder de, em determinadas circunstâncias, agir sem motivo, ou finalidades diferentes da própria ação" (*Dicionário Aurélio*).

3 - O utilitarismo vem a ser a terceira corrente da ética, em que o objetivo da moral é o de proporcionar "o máximo de felicidade ao maior número de pessoas". Esta idéia utilitarista da moral deu origem ao pragmatismo, doutrina de Charles Sanders Peirce, filósofo dos Estados Unidos (1839-1914), que exerceu influência marcante tanto na vida quanto na pedagogia norte-americana; por meio dos escritos de William James e John Dewey, conhecidos no Brasil por intermédio de Anísio Teixeira, aluno de Dewey. Para o utilitarismo, "a verdade de uma proposição consiste no fato de que ela seja útil, tendo alguma espécie de êxito ou de satisfação".

Interessa ao presente trabalho a segunda categoria, por envolver a questão do "dever" do profissional da educação não-docente especialmente quanto ao seu comportamento e à moralidade de suas atividades como um pressuposto da validade de todo ato de gestão educacional. Está aqui uma questão diretamente relacionada à moralidade pública, no sentido de que o gestor educacional, ao lidar com pessoas, deve ter um comportamento adequado à sua responsabilidade como educador.

Assim, "a noção de moralidade pública implica a necessidade de que os atos externos e públicos dos cidadãos (e muito mais do educador) sejam conformes com as exigências da moral e dos bons costumes", nas palavras do Dr. Hely Lopes Meirelles. Ainda, é preciso que o gestor educacional "como ser humano que é, dotado de capacidade de atuar, deve, necessariamente, distinguir o bem do mal, o honesto do desonesto, e não desprezar o elemento ético de sua conduta".

As decisões dos profissionais da educação não deverão ser somente entre o legal e o ilegal, o justo e o injusto, o conveniente e o inconveniente, o oportuno e o inoportuno, mas também entre o honesto e o desonesto. Qualquer ato ou atividade "não terá de obedecer somente à lei jurídica, mas também à lei ética da própria instituição, porque nem tudo o que é legal é honesto, no dizer dos romanos: *"non omne quod licet honestum est"*, conforme registro do professor Hely.

Assim, o bom gestor educacional é aquele que, usando sua competência (autoridade) legal, se determina não só pelos preceitos vigentes, mas também pelos princípios morais e éticos para poder escolher bem suas decisões, comportamento e próprio caminho. Esta possibilidade de escolha, desde que para o bem comum, é uma das liberdades mais sagradas do homem para ser grande. A propósito, o melhor fecho para as colocações acima é a mensagem do grande líder negro Martin Luther King: "Todo mundo pode ser grande [...] porque todo mundo pode servir. Não é preciso um diploma de faculdade para servir. Não é preciso concordar sujeito e verbo para servir. Basta um coração cheio de graça. Uma alma gerada pelo amor".

VII

Recursos Financeiros para a Educação

Durante quase todo o período colonial, os jesuítas mantiveram suas escolas (1549-1759) e, portanto, todo o sistema educacional, das esmolas dos ricos, da exploração do trabalho escravo nos engenhos e fazendas por eles administrados e de alguma ajuda financeira da Coroa portuguesa, advinda de um imposto adicional denominado redízima.

A expulsão dos jesuítas, por ordem do marquês de Pombal, em 1759, provoca mudança radical no ensino da época, quando novas ordens religiosas menores e professores leigos são convocados para substituir os expulsos. Para a manutenção financeira dessa nova ordem de coisas instituiu-se o "subsídio literário" (1772), nome pomposo para um imposto sobre a carne verde, o sal, o vinagre, o vinho e a aguardente, para as despesas com a educação. É claro que, naquela época, a sonegação de impostos, como hoje, é uma "instituição nacional": daí pouco se arrecadava e muito menos se aplicava na educação.

Durante todo o Império e início da República poucas referências temos sobre o assunto que merecessem algum registro especial. Somente em 1932 foi instituída a Taxa de Educação e Saúde. Na Constituição de 1934 há a determinação de a União aplicar um mínimo de 10%; os estados e o Distrito Federal, 20%; e os municípios, 10% da renda resultante de seus impostos na "manutenção e desenvolvimento dos sistemas educativos".

A Constituição de 1946 mantém os mesmos 10% para a União, os 20% para os estados e Distrito Federal e eleva de 10% para 20% a contribuição dos municípios. A Lei nº 4.024, de 20 de dezembro de 1961 – a LDB – eleva a taxa da União para 12% e mantém os 20% para os demais.

A Constituição de 1967 e sua Emenda nº 01/69 suspendem a vinculação dos recursos para a educação; somente a Emenda Calmon (1982) retoma o problema e determina que a União aplique o mínimo de 13%; enquanto estados, Distrito Federal e municípios, 25% de suas receitas tributárias para as despesas com a educação.

Além das receitas previstas na Constituição, outras foram sendo instituídas por leis, tais como: das Loterias Federais, do Fundo de Desenvolvimento da Educação (FNDE), do Fundo de Apoio ao Desenvolvimento Social (FAS), do Salário-Educação etc. Este último, o mais significativo, consiste num tributo de 2,5% sobre a folha de pagamento das empresas e se destina exclusivamente ao ensino fundamental.

Atualmente, os recursos financeiros para a educação estão previstos ou regulamentados em três diplomas legais:

a) na Constituição da República Federativa do Brasil, promulgada em 5/10/1988, especialmente nos artigos 34, 35, 211, 212, 213 e no artigo 60 do Ato das Disposições Constitucionais Transitórias;

b) na Lei nº 9.394, de 20 de dezembro de 1996 (nova LDB), que estabelece as diretrizes e bases da educação nacional, especialmente nos artigos 60 a 77;

c) na Lei nº 9.424, de 24 de dezembro de 1996, que dispõe sobre o Fundo de Manutenção e Desenvolvimento do Ensino Fundamental e de Valorização do Magistério. Esta lei regulamenta o artigo 60, § 7º do Ato das Disposições Constitucionais Transitórias.

A Constituição em vigor está em fase de revisão, conforme previsão do artigo 3º do Ato das Disposições Constitucionais Transitórias:

"A revisão constitucional será realizada após 5 (cinco) anos, contados da promulgação da Constituição, pelo voto da maioria absoluta dos membros do Congresso Nacional, em sessão unicameral".

Numerosas foram as Emendas Constitucionais já aprovadas e outras virão ainda no futuro próximo. No caso do financiamento para a educação, a de nº 14 é a mais significativa porque modifica os artigos constitucionais de nos 34, 208, 211 e 212, e dá nova redação ao nº 60 do Ato das Disposições Constitucionais Transitórias.

De acordo com as novas disposições constitucionais, a União poderá intervir nos estados e no Distrito Federal se estes não aplicarem o mínimo exigido da receita, resultante de impostos, na manutenção e no desenvolvimento do ensino. Da mesma forma, os estados poderão intervir nos seus municípios. Os mínimos referidos são: 25% para os estados, Distrito Federal e municípios.

Há, ainda, alguns detalhamentos que procuraram explicitar melhor o assunto:

a) a parcela da arrecadação de impostos transferida pela União aos estados, ao Distrito Federal e aos municípios, assim como pelos estados aos municípios, não pode ser considerada receita do governo que a transferir;

b) os recursos públicos serão destinados às escolas públicas e, também, em alguns casos, às escolas comunitárias, confessionais ou filantrópicas. Para usufruir tais verbas, estas últimas escolas deverão:

1 - comprovar finalidade não-lucrativa e não distribuir resultados, dividendos, bonificações, participações ou parcelas de seu patrimônio, sob nenhuma forma ou pretexto;

2 - aplicar seus dividendos financeiros em educação;

3 - assegurar a destinação de seu patrimônio a outra escola comunitária, filantrópica ou confessional, ou ao Poder Público, no caso de encerramento de suas atividades;

4 - prestar contas ao Poder Público dos recursos recebidos.

A nova LDB, Lei nº 9.394/96, dedica um título todo, o de nº VII, aos recursos financeiros destinados à educação e os classifica e os discrimina assim:

a) receitas de impostos próprios da União, dos estados, do Distrito Federal e dos municípios;
b) receita de transferências constitucionais e outras transferências;
c) receita do salário-educação e de outras contribuições sociais;
d) receita de incentivos fiscais; e
e) outros fixados ou que vierem a ser fixados em leis.

Por despesas de manutenção e desenvolvimento do ensino, deve-se entender as realizadas com vistas à consecução dos objetivos básicos das instituições educacionais de todos os níveis (educação básica e educação superior), como:

a) remuneração e aperfeiçoamento do pessoal docente e demais profissionais da educação;
b) aquisição, manutenção, construção e conservação de instalações e de equipamentos necessários ao ensino;
c) uso e manutenção de bens e serviços vinculados ao ensino;
d) levantamentos estatísticos, estudos e pesquisas, visando precipuamente ao aprimoramento da qualidade e à expansão do ensino;
e) realização de atividades-meio necessárias ao funcionamento dos sistemas de ensino;
f) concessão de bolsas de estudo a alunos de escolas públicas e privadas; e
g) aquisição de material didático e manutenção de programas de transporte escolar.

Assim, ficam fora das referidas despesas aquelas realizadas com outras finalidades, tais como:

a) pesquisa, quando não vinculada às instituições de ensino, ou quando efetivada fora dos sistemas de ensino, que não vise, precipuamente, ao aprimoramento de sua qualidade ou expansão;
b) subvenção a instituições públicas ou privadas de caráter assistencial, desportivo ou cultural;
c) formação de quadros especiais para a administração pública, sejam civis ou militares;
d) programas de assistência social, incluindo alimentação, médico-odontológica, farmacêutica e psicológica;
e) pessoal docente e demais trabalhadores da educação, quando em desvio de função ou em atividade alheia à manutenção e desenvolvimento do ensino.

Posteriormente à LDB, exatamente quatro dias depois de sua sanção, foi promulgada a Lei nº 9.424, de 24 de dezembro de 1996, que dispõe sobre o Fundo de Manutenção e Desenvolvimento do Ensino Fundamental e de Valorização do Magistério, na forma prevista no artigo 60, § 7º do Ato das Disposições Constitucionais Transitórias, que não é mais o original de 1988, pois foi alterado pela Emenda Constitucional nº 14 de 12/9/1996 e publicada no Diário Oficial do Senado Federal de 13/9/1996. Esta Emenda também modificou os artigos 34, 208, 211 e 212 da Constituição.

Dada a importância e a complexidade destes dispositivos legais, tanto o artigo 60 como a Lei 9.424/96 serão transcritos, na íntegra, como anexos.

Segunda Parte

VIII

Índice Alfabético dos Principais Termos e Expressões da LDB e Comentários Pertinentes

"A"

ACESSO AO ENSINO FUNDAMENTAL: o acesso é um **direito público subjetivo**, podendo qualquer cidadão, grupo de cidadãos, associações comunitárias, organização sindical, entidade de classe e, ainda, o Ministério Público, acionar o Poder Público para exigi-lo.

(Artigo 5º - *caput*)

Por **direito público subjetivo** *entende-se a "faculdade conferida ao indivíduo de invocar a norma (lei) a seu favor, ou seja, da faculdade de agir sob a sombra da regra, isto é, a* **facultas agenda***".*

"O conjunto de normas (leis) que a todos se dirige e a todos vincula" é o **direito objetivo**, *no dizer de Silvio Rodrigues, no livro* Direito Civil.

ANO LETIVO:
1 - *NA EDUCAÇÃO BÁSICA:* tem, no mínimo, 200 dias de efetivo trabalho escolar e 800 horas de carga horária mínima anual, excluído o tempo reservado aos exames finais, quando houver.
(Artigo 24, I)

2 - *NA EDUCAÇÃO SUPERIOR:* tem, no mínimo, 200 dias de trabalho acadêmico efetivo, excluído o tempo reservado aos exames finais, quando houver.
(Artigo 47 - *caput*)

Período do ano em que funcionam os estabelecimentos de ensino, isto é, o que vai do início ao encerramento das aulas. A palavra **letivo**, de acordo com o *Dicionário Aurélio*, vem do latim *lectu* particípio do verbo *legere* que significa **ler**.

O **ano letivo** pode ser independente do **ano civil**, iniciando e terminando em qualquer época uma vez satisfeita a condição primeira, estabelecida pela lei, de 200 dias de efetivo trabalho escolar, excluído o tempo reservado aos exames finais, quando houver.

Note-se que para a educação básica, a LDB exige 800 horas de carga horária mínima anual, o que não ocorre para a educação superior, cujo artigo 47 determina somente 200 dias letivos.

ARTE: o ensino de arte constituirá componente curricular obrigatório, nos diversos níveis de educação básica, de forma a promover o desenvolvimento cultural dos alunos.
(Artigo 26, § 2º)

Nos dicionários encontram-se duas colocações que nos parecem mais próximas do que pretende a LDB: *"Capacidade que tem o homem de pôr em prática uma idéia, valendo-se da faculdade de dominar a matéria"* ou *"atividade que supõe criação de sensações ou de estados de espírito, em geral de caráter estético, mas carregados de vivência íntima e profunda, podendo suscitar em outrem o desejo de prolongar ou renovar".*

AUTONOMIA DAS UNIVERSIDADES
1 - *ADMINISTRATIVA E FINANCEIRA:*

a) criar, organizar e extinguir, em sua sede, cursos e programas de educação superior previstos na LDB;

b) fixar os currículos dos seus cursos e programas;
c) estabelecer planos, programas e projetos de pesquisa científica, produção artística e atividades de extensão;
d) fixar o número de vagas de acordo com a capacidade institucional e as exigências do seu meio;
e) elaborar e reformar os seus estatutos e regimentos em consonância com as normas gerais atinentes;
f) conferir graus, diplomas e outros títulos;
g) firmar contratos, acordos e convênios;
h) aprovar e executar planos, programas e projetos de investimentos referentes a obras, serviços e aquisições em geral, bem como administrar rendimentos conforme dispositivos institucionais;
i) administrar os rendimentos e deles dispor na forma prevista no ato de constituição, nas leis e nos respectivos estatutos; e
j) receber subvenções, doações, heranças, legados e cooperação financeira resultante de convênios com entidades públicas ou privadas.
(Artigo 53, I a X)

O direito que têm as universidades de governar por si mesmas não é amplo e irrestrito uma vez que a LDB fixa alguns limites. A universidade particular pode ter maior autonomia do que a pública no que se refere à escolha de seus dirigentes, no uso dos recursos financeiros e de bens móveis e imóveis, porém a segunda tem menor autonomia nestes aspectos, uma vez que a maior parte de seus recursos é público e seu patrimônio pertence à União, aos estados ou aos municípios.

2 - *DIDÁTICO-CIENTÍFICA* – caberá aos colegiados de ensino e pesquisa decidir sobre:

a) criação, expansão, modificação e extinção de cursos;
b) ampliação e diminuição de vagas;
c) elaboração da programação de cursos;

d) programação de pesquisas e das atividades de extensão;
e) contratação e dispensa de professores; e
f) planos de carreira docente.
(Artigo 53, parágrafo único)

AUTORIZAÇÃO E RECONHECIMENTO DE CURSOS SUPERIORES: terão prazos limitados, sendo renovados, periodicamente, após processo regular de avaliação. Idem para os credenciamentos de instituições de educação superior.
(Artigo 46, *caput*)

O MEC vem realizando anualmente, por meio do "provão", a avaliação de diversos cursos e poderá intervir e mesmo fechar aqueles que forem considerados de baixo nível. As instituições de educação superior poderão ser descredenciadas e as universidades perder este status e se transformando em "centros universitários", faculdades isoladas ou até mesmo serem fechadas, se após três avaliações forem consideradas fracas (notas "D" e "E").

AVALIAÇÃO NA EDUCAÇÃO INFANTIL: será feita mediante acompanhamento e registro do desenvolvimento do aluno, sem o objetivo de promoção.
(Artigo 31)

Sobre avaliação, de um modo geral, há comentários na letra "R" deste índice, quando for tratado o assunto do rendimento escolar na educação básica.

"C"

CALENDÁRIO ESCOLAR DA EDUCAÇÃO BÁSICA: adequado às peculiaridades locais, inclusive climáticas e econômicas, a critério do respectivo sistema de ensino, sem com isso reduzir o número de horas letivas previstas na LDB.
(Artigo 23, § 2º)

As datas prefixadas para realização das atividades curriculares nas escolas são de responsabilidade das mesmas, que seguirão normas baixadas pelos respectivos sistemas de ensino. Assim o MEC, as Secretarias Estaduais e as Secretarias Municipais de Educação orientarão, respectivamente, as escolas federais, estaduais e municipais, quanto às linhas gerais a serem seguidas na organização do calendário a ser cumprido em ano letivo que poderá não coincidir com o ano civil.

CARGA HORÁRIA MÍNIMA DA EDUCAÇÃO BÁSICA: será de 800 horas, distribuídas por um mínimo de 200 dias letivos de trabalho escolar, excluído o tempo reservado aos exames finais, quando houver.

(Artigo 24, I)

Este dimensionamento de tempo previsto para aulas, apesar do avanço em relação à LDB anterior, ainda pode ser considerado insuficiente e abaixo da média mundial entre os países desenvolvidos ou em desenvolvimento. O número considerado ideal para o momento seria de 1.440 horas, distribuídas por um mínimo de 240 dias letivos, portanto, com 6 horas diárias de trabalho escolar.

CATEGORIAS ADMINISTRATIVAS DAS INSTITUIÇÕES DE ENSINO:

a) *PÚBLICAS:* as criadas ou incorporadas, mantidas e administradas pelo Poder Público;
b) *PRIVADAS:* as mantidas e administradas por pessoas físicas ou jurídicas de direito privado.

(Artigo 19, I e II)

Esta nomenclatura **Públicas** *e* **Privadas** *nos parece imprópria, isto porque as escolas, como os hospitais, os transportes etc., são sempre públicas, não importando se os mantenedores são os governos (federal, estaduais ou municipais) ou particulares. Melhor seria dividir as instituições de ensino em oficiais e particulares, as primeiras mantidas por pessoas jurídicas de direito público e as segundas, por pessoas físicas ou jurídicas de direito privado.*

CATEGORIAS DAS INSTITUIÇÕES PRIVADAS:

a) *PARTICULARES EM SENTIDO ESTRITO:* as instituídas e mantidas por uma ou mais pessoas físicas ou jurídicas de direito privado que não apresentam as características das comunitárias, confessionais ou filantrópicas, a seguir descritas;
b) *COMUNITÁRIAS:* instituídas por grupos de pessoas físicas ou por uma ou mais pessoas jurídicas, inclusive cooperativa de professores e alunos, que incluam na sua entidade mantenedora representantes da comunidade;
c) *CONFESSIONAIS:* as instituídas por grupos de pessoas físicas ou por uma ou mais pessoas jurídicas que atendem a orientação confessional e ideológica específicas;
d) *FILANTRÓPICAS:* (não definidas na LDB).
(Artigo 20, I a IV)

Sob o ângulo do "direito", pessoa física ou natural é todo homem ou mulher como sujeito de direitos. Portanto, "pessoa" e "sujeito de direitos" são expressões correlatas. A "pessoa física" é a que tem existência visível, em contraposição à "pessoa jurídica", denominada de "pessoa de existência ideal". Um jurista italiano, Venzi, assim definiu: "pessoa jurídica é a unidade jurídica, com finalidade e organização próprias e dotada de capacidade de direitos".

O quadro a seguir mostra a classificação da pessoa jurídica:

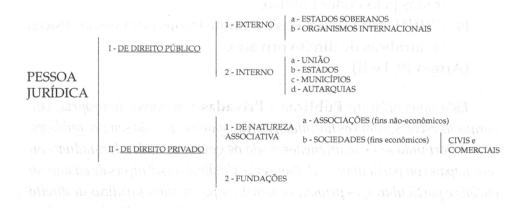

Embora não definidas na LDB, *as filantrópicas podem ser entendidas como as que educam com humanitarismo, como caridade, como aquelas criadas e mantidas por pessoas, grupos, associações etc., ligadas à filantropia; por exemplo: algumas escolas rotarianas gratuitas para crianças de classes pobres.*

CERTIFICADOS DE CONCLUSÃO DE CURSOS: compete a cada instituição de ensino expedi-los.
(Artigo 24, VII)

"Certificado é a declaração escrita, relativa a fatos cuja documentação existente lhe serve de base: certificado de conclusão de um curso, expedido por uma escola. Difere da **Certidão***, que é documento passado por órgão oficial: Certidão de Registro Civil. É, também, diferente de* **Atestado,** *que se baseia no testemunho dado por alguém: Atestado de Boa Conduta".* (Pequena enciclopédia de moral e civismo, MEC, 1967) ou *"Documento Oficial assinado por autoridade competente, que atesta um fato".* (Grande enciclopédia Larousse cultural).

COMPOSIÇÃO DA EDUCAÇÃO ESCOLAR BRASILEIRA:

a) *EDUCAÇÃO BÁSICA:* formada pela educação infantil, ensino fundamental e ensino médio;
b) *EDUCAÇÃO SUPERIOR:* formada por cursos seqüenciais por campo de saber, de graduação, de pós-graduação e de extensão.

(Artigos 21, I e II, e 44, I a IV)

São dois os níveis da educação escolar brasileira. Na básica se incluem: a **educação infantil,** *atualmente mais abrangente, indo do 0 (zero) aos 6 (seis) anos de idade; o* **ensino fundamental***, com 8 anos de duração, equivalendo ao antigo 1º grau; e o* **ensino médio***, 3 anos de duração, antigo 2º grau.*

Na educação superior, que deixou de ser ensino superior, poucas mudanças, a não ser na novidade dos cursos **seqüenciais**. São cursos parciais, com algumas disciplinas afins e oferecidos àqueles que provarem suas aptidões e terem conhecimento básico dos conteúdos a serem desenvolvidos.

Os cursos de pós-graduação continuam com a mesma estrutura: *lato sensu* (sentido amplo, largo): especialização e aperfeiçoamento; e *stricto sensu* (sentido estrito, estreito): mestrado e doutorado.

A deliberação CEE-SP (Conselho Estadual de Educação) nº 05/73 assim conceitua os dois cursos de pós-graduação *lato sensu:*

a) "**Especialização**: aqueles que têm por objeto o aprofundamento de conhecimentos em áreas restritas da investigação teórica ou da atividade profissional";

b) "**Aperfeiçoamento**: *os que visam à atualização ou ao aprimoramento de conhecimentos ou técnicas de trabalho.*"

CURRÍCULO:

1 - *DA EDUCAÇÃO BÁSICA:* diretrizes a serem observadas:

1.1 - a difusão de valores fundamentais ao interesse social, aos direitos e deveres dos cidadãos, de respeito ao bem comum e à ordem democrática;

1.2 - consideração das condições de escolaridade dos alunos em cada estabelecimento;

1.3 - orientação para o trabalho;

1.4 - promoção do desporto educacional e apoio às práticas desportivas não-formais.

(Artigo 27, I a IV)

2 - *DO ENSINO FUNDAMENTAL:* os currículos devem:

2.1 - ter uma base nacional comum a ser complementada, em cada sistema de ensino e estabelecimento escolar, por parte diversificada, exigida pelas características regionais e locais da sociedade, da cultura, da economia e da clientela;

2.2 - abranger, obrigatoriamente, o estudo da língua portuguesa e da matemática, o conhecimento do mundo físico e material e da realidade social e política especialmente do Brasil.

(Artigo 26, *caput* e § 1º)

3 - *DO ENSINO MÉDIO:* mesmas diretrizes para a educação básica mais as seguintes:

3.1 - destaque para a educação tecnológica básica, a compreensão do significado da ciência, das letras e das artes; o processo histórico de transformação da sociedade e da cultura; a língua portuguesa como instrumento de comunicação, acesso ao conhecimento e exercício de cidadania;

3.2 - adote metodologias de ensino e de avaliação que estimulem a iniciativa dos estudantes;

3.3 - inclua uma língua estrangeira moderna, como disciplina obrigatória, escolhida pela comunidade escolar, e uma segunda, em caráter optativo, dentro das possibilidades da instituição.
(Artigo 36, I, II e III)

4 - *DA EDUCAÇÃO SUPERIOR:* a organização dos currículos é de competência das próprias universidades, no exercício de sua autonomia.
(Artigo 53, II)

Currículo pode ser entendido como a:
a) "Seqüência de experiências por meio das quais a escola busca estimular o desenvolvimento do aluno"; ou
b) "Soma de atividades e experiências que a escola lucidamente planeja e proporciona aos alunos, no sentido de alcançar os objetivos da educação"; ou
c) "Soma de experiências que se oferece ao aluno sob os auspícios da escola".

CURSOS DE EDUCAÇÃO SUPERIOR:
(Artigos 44, 47 e 63)

1 - *SEQÜENCIAIS:* por campo de saber, de diferentes níveis de abrangência, abertos a candidatos que atendam aos requisitos estabelecidos pelas instituições de ensino;

2 - *GRADUAÇÃO:* abertos a candidatos que tenham concluído o ensino médio ou equivalente e tenham sido classificados em processo seletivo;

3 - *PÓS-GRADUAÇÃO:* programas de mestrado e doutorado (*stricto sensu*), cursos de aperfeiçoamento e especialização e outros (*lato sensu*), abertos a candidatos diplomados em cursos de graduação e que atendam às exigências das instituições de ensino;

4 - *EXTENSÃO:* abertos a candidatos que atendam aos requisitos estabelecidos em cada caso pelas instituições de ensino;

5 - *NORMAL SUPERIOR:* para formação de docentes para a educação infantil e para as primeiras séries do ensino fundamental;

6 - *FORMAÇÃO PEDAGÓGICA:* para os portadores de diplomas de educação superior que queiram se dedicar à educação básica;

7 - *EDUCAÇÃO CONTINUADA:* programas para os profissionais de educação dos diversos níveis;

8 - *NOTURNOS:* deverão ter os mesmos padrões de qualidade dos cursos diurnos.

"D"

DECLARAÇÃO DE CONCLUSÃO DE SÉRIES DA EDUCAÇÃO BÁSICA: cabe a cada instituição de ensino expedi-las.
(Artigo 24, VII)

DEVER DE EDUCAR: é da família e do Estado, inspirados nos princípios de liberdade e nos ideais de solidariedade humana; tem por finalidade o pleno desenvolvimento do educando, seu preparo para o exercício da cidadania e sua qualificação para o trabalho.
(Artigo 2º)

Quase cópia do artigo 205, da Constituição Federal, que determina o dever de educar ao Estado e à família, e que a educação será promovida e incentivada com a colaboração da sociedade. O artigo 208, da Constituição, detalha como o dever do Estado com a educação será efetivado.

DEVER DOS PAIS OU RESPONSÁVEIS: efetuar a matrícula dos menores, a partir dos sete anos de idade, no ensino fundamental. (Artigo 6º)

O dever previsto neste artigo é apenas decorrente do dever maior da Constituição (Art. 205), quando o dever de educar do Estado é dividido com o da família.

DIPLOMAS:
1 - *DA EDUCAÇÃO BÁSICA:* cabe a cada instituição de ensino expedi-los;

2 - *DA EDUCAÇÃO SUPERIOR:*
2.1 - expedidos pela própria universidade, no exercício de sua autonomia;
2.2 - validade nacional: quando de cursos superiores reconhecidos, devidamente registrados;
2.3 - expedidos por universidades: serão por elas próprias registrados;
2.4 - expedidos por não-universidades: registrados em universidades indicadas pelo CNE (Conselho Nacional de Educação);
2.5 - de graduação expedidos por universidades estrangeiras: serão revalidados por universidades públicas que tenham cursos do mesmo nível e área ou equivalente;
2.6 - de mestrado e de doutorado expedidos por universidades estrangeiras: só poderão ser reconhecidos por universidades que possuam cursos de pós-graduação reconhecidos e avaliados, na mesma área de conhecimento e em nível equivalente ou superior.
(Artigos 24, VII; 48, §§ 1º, 2º e 3º; 3, VI)

Diploma *literalmente significa quantidade dupla; "documento pelo qual se reconhece ou se confere oficialmente um privilégio, um título, uma dignidade". No caso da LDB é "documento oficial ou particular de conclusão de cursos em escolas".*

DOCENTES:

1 - *EDUCAÇÃO BÁSICA:* formação em nível superior, em curso de licenciatura, de graduação plena, em universidades e institutos superiores de educação.

(Artigo 62, *caput*)

2 - *MAGISTÉRIO NA EDUCAÇÃO INFANTIL E NAS QUATRO PRIMEIRAS SÉRIES DO ENSINO FUNDAMENTAL:* a oferecida em nível médio, na modalidade *NORMAL*, em caráter emergencial.

(Artigo 62, *caput*)

3 - *MAGISTÉRIO SUPERIOR:* em nível de pós-graduação, prioritariamente em programas de mestrado e doutorado, sendo reconhecido o notório saber.

(Artigo 66 - parágrafo único)

A palavra docente vem do latim, **docens, docentis,** *particípio presente do verbo* **docere,** *que significa* **ensinar.** *A nova* LDB *prefere o termo* **docente** *e a expressão* **profissionais da educação** *a professor.*

Esta última designação fica mais para o de um título ou de uma **profissão,** *para efeito de vínculo empregatício e registro em carteira de trabalho. A Constituição fala em* **profissionais do ensino** *(Art. 206, V) quando trata da valorização da* **profissão,** *e* **professores** *(Art. 207, § 1º) quando trata do direito de as universidades admitirem aquele profissional estrangeiro.*

Também usa **professor** *(Art. 202 – III da Constituição) quando o assunto é aposentadoria, que pode ser "após 30 anos, ao professor, e, após 25, à professora, por efetivo exercício de função de magistério".*

Ainda a Constituição usa **professor** *(Art. 37, XVI): "é vedada a acumulação remunerada de cargos públicos, exceto quando houver compatibilidade de horários:*

a) a de dois cargos de **professor;**
b) a de um cargo de **professor** *com outro técnico ou científico".*

DURAÇÃO:
1 - *DO ENSINO FUNDAMENTAL:* oito anos, no mínimo, obrigatório e gratuito na escola pública.
(Artigo 32, *caput*)

2 - *DO ENSINO MÉDIO:* três anos, no mínimo, não necessariamente obrigatório.
(Artigo 35, *caput*)

Os sistemas de ensino (federal, estaduais ou municipais) poderão aumentar para mais de 8 (oito) anos a duração do ensino fundamental. Podem, ainda, os sistemas dividir o ensino fundamental em ciclos.

As escolas estaduais de São Paulo poderão funcionar em 2 ciclos:
a) da 1ª a 4ª séries; e
b) da 5ª a 8ª séries.

Não há inovação, em termos de estrutura, uma vez que volta à antiga denominação: primário (4 anos) e ginásio (4 anos), prevista em leis anteriores, como nas reformas Capanema (Leis Orgânicas do Ensino 1942) e Clemente Mariani (1ª LDB - Lei 4.024/61).

O ensino médio permaneceu como na Lei 5.692/71, quanto à duração, mudando apenas seus objetivos, como se verá mais adiante.

"E"

EDUCAÇÃO:
CONCEITO: é a que abrange os processos formativos que se desenvolvem na vida familiar, na convivência humana, no trabalho, nas instituições de ensino e pesquisa, nos movimentos sociais e organizações da sociedade civil e nas manifestações culturais.
(Artigo 1º, *caput*)

A educação conceituada no caput do artigo 1º da LDB pode ser considerada, lato sensu, aquela que acompanha e influencia a pessoa durante toda sua vida, isto é, "o processo de desenvolvimento da capacidade física, intelectual e moral da criança e do ser humano em geral, visando à sua melhor integração individual e social", conforme Novo Dicionário da Língua Portuguesa *de Aurélio Buarque de Holanda Ferreira.*

EDUCAÇÃO ESCOLAR:

CONCEITO: é a que desenvolve, predominantemente, por meio do ensino em instituições próprias e que deverá vincular-se ao mundo do trabalho e à prática social.

(Artigo 1º, §§ 1º e 2º)

É conceituada nos §§ 1º e 2º do artigo 1º da LDB e se refere à educação stricto sensu, isto é, a educação formalizada dos sistemas de ensino, que, conforme a Nova Enciclopédia Ilustrada da Folha, *"divide-se cronologicamente nas fases* **pré-escolar** *(atividades recreativas e de estímulo ao desenvolvimento das capacidades individuais);* **primária** *ou* **elementar** *(leitura, aritmética e noções básicas dos vários campos do conhecimento);* **secundárias** *(aprofundamento dos conhecimentos, desenvolvimento de aptidões específicas e preparação profissional); e* **superior** *(formação profissional especializada)".*

A LDB divide esta educação escolar em dois níveis: **Básica** *(educação infantil, ensino fundamental e ensino médio) e* **Superior** *(graduação e pós-graduação).*

Há ainda as modalidades: Educação Especial, Educação de Jovens e Adultos, Educação Profissional etc.

EDUCAÇÃO ESPECIAL:

CONCEITO: é a modalidade de educação escolar oferecida preferencialmente na rede regular de ensino, para educandos portadores de necessidades especiais.

(Artigo 58, *caput*)

A 1ª LDB (Lei 4.024/61) denominava esta modalidade de "Educação de Excepcionais". A Lei 5.692/71 falava em alunos que apresentem deficiências físicas ou mentais e em superdotados.

A Nova LDB trata o assunto de forma mais correta e geral: educandos portadores de necessidades especiais.

EDUCAÇÃO FÍSICA: integrada à proposta pedagógica da escola, é componente curricular da Educação Básica, ajustando-se às faixas etárias e às condições da população escolar, sendo facultativa nos cursos noturnos.
(Artigo 26, § 3º)

Hoje integrada à proposta pedagógica da escola, já passou por várias regulamentações, sendo que uma delas pelo Decreto Federal nº 69.450/71, que estabelecia os chamados "padrões de referência", como: sessões semanais, duração de cada sessão, número de alunos por turma etc.

Em 1977 é publicada a Lei nº 6.503 que alterou, em parte, o citado decreto 69.450/71, e dispôs uma série de possibilidades para alunos serem dispensados de sua prática.

EDUCAÇÃO INFANTIL: tem por finalidade o desenvolvimento integral da criança até seis anos de idade, em seus aspectos físico, psicológico, intelectual e social, complementando a ação da família e da comunidade e será oferecida em *creches* – até três anos de idade – e *pré-escolas* – de quatro a seis anos de idade.
(Artigos 29 e 30, I, II)

Hoje é parte integrante da educação básica e, como estabelece a LDB, "tem como finalidade o desenvolvimento integral da criança até seis anos de idade, em seus aspectos físico, psicológico, intelectual e social, completando a ação da família e da comunidade".

EDUCAÇÃO DE JOVENS E ADULTOS: será destinada àqueles que não tiveram acesso ou continuidade de estudos no ensino fundamental e médio na idade própria.
(Artigo 37, *caput*)

Ao tratar deste assunto, a LDB apenas regulamenta o artigo 208, I da Constituição que, dentre os deveres do Estado para com a Educação, determina a garantia de:

"I - Ensino fundamental obrigatório e gratuito, assegurada, inclusive, sua **oferta gratuita para todos os que a ele não tiveram acesso na idade própria**".

A LDB renova este dever do Estado para com a educação de jovens e adultos no artigo 4º, I e VII.

"Artigo 4º - o dever do Estado com a educação escolar pública será efetivado mediante a garantia de:

I - Ensino fundamental, obrigatório e gratuito, inclusive **para os que não tiveram acesso na idade própria;**

VII - **A oferta de educação regular para jovens e adultos, com características e modalidades adequadas às suas necessidades e disponibilidades, garantindo-se aos que forem trabalhadores as condições de acesso e permanência na escola;**

EDUCAÇÃO PROFISSIONAL: será integrada às diferentes formas de educação, ao trabalho, à ciência e à tecnologia e deverá conduzir ao permanente desenvolvimento de aptidões para a vida produtiva.

(Artigo 39)

Diferentemente da Lei 5.692/71, a nova LDB separa a educação profissional do ensino médio e retira a compulsoriedade de convivência do ensino acadêmico com o profissional. Agora a profissionalização pode ocorrer em qualquer das modalidades: fundamental, médio, superior e na educação profissional.

ENSINO A DISTÂNCIA: o Poder Público incentivará o desenvolvimento e a vinculação de programas de ensino a distância, em todos os níveis e modalidades de ensino e de educação continuada. O ensino fundamental será presencial, sendo o ensino a distância utilizado como complementação da aprendizagem ou em situações emergenciais.

(Artigos 80 e 32, § 4º)

É uma nova modalidade de ensino, justificada pelo avanço tecnológico da informática, pelos novos meios de comunicação, incluindo a Internet.

ENSINO MILITAR: é regulado em lei específica admitida a equivalência de estudos de acordo com as normas fixadas pelos sistemas de ensino.
(Artigo 83)

Continua sendo regido por normas próprias, como sempre ocorreu; há necessidade de os sistemas de ensino regulamentarem a equivalência dos dois tipos de ensino, o militar e o comum, a fim de facilitar, quando for o caso, a mobilidade dos alunos de um tipo para outro.

ENSINO PARTICULAR: o ensino é livre à iniciativa privada, atendidas as seguintes condições:
 1 - cumprimento das normas gerais da educação nacional e do respectivo sistema de ensino;
 2 - autorização de funcionamento e avaliação de qualidade pelo Poder Público;
 3 - capacidade de autofinanciamento, exceto para as escolas comunitárias, confessionais ou filantrópicas, definidas em lei e que satisfaçam algumas condições a serem fixadas.
(Artigo 7º, I, II e III)

A LDB quase nada acrescentou à Constituição Federal (artigo 209), transcrevendo seus dispositivos e acrescentando que os mantenedores particulares deverão provar "ter capacidade de autofinanciamento".

ENSINO RELIGIOSO: de matrícula facultativa, é parte integrante da formação básica do cidadão e constitui disciplina dos horários normais das escolas públicas de ensino fundamental, assegurado o respeito à diversidade cultural religiosa do Brasil, vedadas quaisquer formas de proselitismo.
(Nova redação dada ao Art. 33, pela Lei 9.475, de 22/7/1997)

*O § 1º do artigo 210 da Constituição Federal dispõe sobre o **Ensino Religioso**: "De matrícula facultativa, constituirá disciplina dos horários normais das escolas públicas de Ensino Fundamental".*

Na versão original a LDB, artigo 33, dizia que o ensino religioso seria oferecido "sem ônus para os cofres públicos". A Lei 9.475 de 22/7/97 retirou a expressão "sem ônus para os cofres públicos", o que significa que o Estado poderá pagar os professores do ensino religioso.

ENSINO SUPLETIVO: os sistemas de ensino manterão cursos e exames supletivos. Estes últimos para maiores de quinze anos – ensino fundamental – e de dezoito anos – ensino médio.
(Artigo 38, § 1º)

*Embora a LDB não tenha um capítulo específico, como a Lei 5.692/71, sobre o Ensino Supletivo, o mesmo assunto é tratado na seção V do capítulo II, sob a rubrica "Da educação de jovens e adultos", portanto mais amplo que simples cursos e exames. Também em relação a exames houve alterações quanto à idade mínima para prestá-los: **15 anos** para o ensino **fundamental** e **18 anos** para o **médio**.*

ESTÁGIOS: os sistemas de ensino estabelecerão as normas para a realização de estágio dos alunos regularmente matriculados no ensino médio ou educação superior em sua jurisdição. O estágio não estabelece vínculo empregatício, podendo o estagiário receber bolsa de estágio, estar segurado contra acidentes e ter cobertura previdenciária prevista na legislação específica.
(Artigo 82, parágrafo único)

Este tipo de estágio é o supervisionado pela escola ao aluno regularmente matriculado no ensino médio e na educação superior, e tem por finalidade permitir a ele uma certa vivência de sua futura profissão. O disposto no parágrafo único do artigo 82 fixa o não vínculo empregatício e a possibilidade do estagiário receber bolsa de estudo, de estar segurado contra acidentes e ter cobertura previdenciária, que valem para todo o território nacional. Os sistemas disciplinarão outras condições, tais como duração e estratégias de sua realização.

EXPERI NCIA DOCENTE: é pré-requisito para o exercício profissional de quaisquer outras funções de magistério, nos termos das normas de cada sistema de ensino.
(Artigo 67, parágrafo único)

Tal experiência se refere à atividade docente anterior à pretensão de se candidatar a outros cargos ou funções do magistério. Esta exigência não constava da legislação anterior, estando contida, no caso de São Paulo, no Estatuto do Magistério. Agora, trata-se de uma exigência de nível federal.

"F"

FINALIDADES da Educação e do Ensino:
1 - *DA EDUCAÇÃO:* o pleno desenvolvimento do educando, seu preparo para o exercício da cidadania e sua qualificação para o trabalho.
(Artigo 2º)

2 - *DA EDUCAÇÃO BÁSICA:* desenvolver o educando, assegurar-lhe a formação comum indispensável para o exercício da cidadania e fornecer-lhe os meios para progredir no trabalho e em estudos posteriores.
(Artigo 22)

3 - *DA EDUCAÇÃO INFANTIL:* o desenvolvimento integral da criança até seis anos de idade, em seus aspectos físico, psicológico, intelectual e social, complementando a ação da família e da comunidade.
(Artigo 29)

4 - *DO ENSINO FUNDAMENTAL:* a formação básica do cidadão, mediante:
4.1 - o desenvolvimento da capacidade de aprender, tendo como meios básicos o pleno domínio da leitura, da escrita e do cálculo;

4.2 - a compreensão do ambiente natural e social, do sistema político, da tecnologia, das artes e dos valores em que se fundamenta a sociedade;

4.3 - o desenvolvimento da capacidade de aprendizagem, tendo em vista a aquisição de conhecimentos e habilidades e a formação de atitudes e valores; e

4.4 - o fortalecimento dos vínculos de família, dos laços de solidariedade humana e de tolerância recíproca em que se assenta a vida social.

(Artigo 33, I a IV)

5 - *DO ENSINO MÉDIO:*

5.1 - a consolidação e o aprofundamento dos conhecimentos adquiridos no ensino fundamental, possibilitando o prosseguimento de estudos;

5.2 - a preparação básica do educando para o trabalho e para a cidadania, para continuar aprendendo, de modo a ser capaz de se adaptar com flexibilidade a novas condições de ocupação ou aperfeiçoamentos posteriores;

5.3 - o aprimoramento do educando como pessoa humana, incluindo a formação ética e o desenvolvimento da autonomia intelectual e do pensamento crítico; e

5.4 - a compreensão dos fundamentos científico-tecnológicos dos processos produtivos, relacionando a teoria com a prática, no ensino de cada disciplina.

(Artigo 35, I a IV)

6 - *DA EDUCAÇÃO SUPERIOR:*

6.1 - estimular a criação cultural e o desenvolvimento do espírito científico e do pensamento reflexivo;

6.2 - formar diplomados nas diferentes áreas de conhecimento, aptos para a inserção em setores profissionais e para a participação no desenvolvimento da sociedade brasileira, e colaborar na sua formação contínua;

6.3 - incentivar o trabalho de pesquisa e investigação científica, visando ao desenvolvimento da ciência, da tecnologia, da criação e da difusão da cultura; desse modo, desenvolvendo o entendimento do homem e do meio em que vive;

6.4 - suscitar o desejo permanente de aperfeiçoamento cultural e profissional e possibilitar a correspondente concretização, integrando os conhecimentos que vão sendo adquiridos numa estrutura intelectual sistematizadora do conhecimento de cada geração;

6.5 - estimular o conhecimento de problemas do mundo presente, em particular os nacionais e regionais, prestar serviços especializados à comunidade e estabelecer com esta uma relação de reciprocidade;

6.6 - promover a divulgação de conhecimentos culturais, científicos e técnicos que constituem patrimônio da humanidade, e comunicar o saber por meio do ensino, de publicações ou de outras formas de comunicação;

6.7 - promover a extensão, aberta à participação da população, visando à difusão das conquistas e benefícios resultantes da criação cultural e da pesquisa científica e tecnológica geradas na instituição.

(Artigo 43, I a VII)

Trata-se dos objetivos mais amplos dos sistemas de ensino. O objetivo geral (ou fins) "[...] é, em termos amplos, o resultado final do que se pretende atingir. Deve ser estabelecido como uma linha de ação mestra para o estabelecimento dos outros objetivos em níveis mais específicos, isto é, aqueles que exprimem, em termos abstratos e genéricos, os ideais de vida e de educação contidos na consciência social de uma época, de um povo, de uma corrente filosófica, política ou social". (Moreira, Jr., **Currículo da escola primária***).*

FREQÜ NCIA:

1 - *NA EDUCAÇÃO BÁSICA:* o controle de freqüência, na educação básica, fica a cargo da escola, conforme seu regimento e normas do respectivo sistema de ensino, exigindo a freqüência mínima de 75% do total de horas letivas para a aprovação do aluno;

(Artigo 24, VI)

2 - *NA EDUCAÇÃO SUPERIOR:* é obrigatória a freqüência de alunos e professores, salvo nos programas de educação a distância.
(Artigo 47, § 3º)

Na educação básica manteve-se a mesma exigência da Lei 5.692/71, isto é, a freqüência mínima de 75% do total de horas letivas para a aprovação do aluno. Isto não ocorre quanto à educação superior, pois a LDB não fixa nenhum percentual.

"G"

GESTÃO DEMOCRÁTICA:
1 - *NA EDUCAÇÃO BÁSICA:* os sistemas de ensino definirão as normas da gestão democrática do ensino público na educação básica, de acordo com as peculiaridades e segundo os seguintes princípios:
1.1 - participação dos profissionais da educação na elaboração do projeto pedagógico da escola;
1.2 - participação das comunidades escolar e local em conselhos escolares ou equivalentes.
(Artigo 14, I e II)

2 - *NA EDUCAÇÃO SUPERIOR:* as instituições públicas obedecerão ao princípio da gestão democrática, assegurada a existência de órgãos colegiados deliberativos de que participarão os segmentos da comunidade institucional, local e regional, sendo que os docentes ocuparão 70% dos assentos em cada órgão colegiado e comissão, inclusive nos que tratarem da elaboração e modificações estatutárias e regimentais, bem como da escolha de dirigentes.
(Artigo 56, parágrafo único)

A exigência consta da Constituição (artigo 206, VI) que fixa a gestão democrática do ensino público como um dos princípios básicos para a ministração do ensino, tanto na educação básica como na superior.

A LDB faz algum detalhamento sobre o assunto, mas deixa por conta dos sistemas de ensino a competência para definir as normas desse tipo de gestão.

"H"

HISTÓRIA DO BRASIL: o ensino da História do Brasil levará em conta as contribuições das diferentes culturas e etnias para a formação do povo brasileiro, especialmente das matrizes indígena, africana e européia.
(Artigo 26, § 4º)

A LDB apenas destaca, no artigo que trata da doutrina curricular, o ensino de História do Brasil. Ele deverá valorizar as diferentes etnias e culturas que contribuíram para a formação do povo brasileiro, valorizando sua origem indígena, africana e européia, sem preconceito com esta ou aquela raça ou cultura.

HISTÓRICOS ESCOLARES: cabe a cada instituição de ensino expedi-los.
(Artigo 24, VII)

Também sem nenhuma novidade em relação à Lei 5.692/71, que dava competência às escolas para a expedição de tais documentos.

"J"

JORNADA ESCOLAR: a jornada escolar, no ensino fundamental, incluirá pelo menos quatro horas de trabalho efetivo em sala de aula, sendo progressivamente ampliado o período de permanência na escola, excetuando-se os casos do ensino noturno e das formas alternativas de organização autorizadas pela LDB. O ensino fundamental será organizado progressivamente em tempo integral, a critério dos sistemas de ensino.
(Artigo 34, §§ 1º e 2º)

Sob esta rubrica a lei determina o tempo de permanência do aluno na escola, quando se tratar do ensino fundamental, que deverá ser no mínimo de quatro horas em sala de aula e, progressivamente, possa alcançar o tempo integral. Um pouco quimérico, mas importante para o progresso do Brasil que precisa, urgentemente, de uma revolução na educação, antes de uma revolução pela educação.

"L"

LÍNGUA ESTRANGEIRA: na parte diversificada do currículo, será incluído, obrigatoriamente, a partir da quinta série do ensino fundamental, o ensino de pelo menos uma língua estrangeira moderna, cuja escolha ficará a cargo da comunidade escolar dentro das possibilidades da instituição.

(Artigo 26, § 5º)

A obrigatoriedade da língua estrangeira moderna não constava da Lei 5.692/71. A inclusão nos currículos do antigo 1º grau (a partir da 5ª série) foi uma determinação de normas baixadas pelo antigo Conselho Federal de Educação, hoje Conselho Nacional de Educação.

"M"

MONITORIA: os discentes da educação superior poderão ser aproveitados em tarefas de ensino e pesquisa pelas respectivas instituições, exercendo funções de monitoria, de acordo com seu rendimento e seu plano de estudo.

(Artigo 84)

"O"

OBJETIVOS:
1 - *DO ENSINO FUNDAMENTAL:* a formação básica do cidadão mediante:

1.1 - o desenvolvimento da capacidade de aprender, tendo como meios básicos o pleno domínio da leitura, da escrita e do cálculo;

1.2 - a compreensão do ambiente natural e social, do sistema político, da tecnologia, das artes e dos valores em que se fundamenta a sociedade;

1.3 - o desenvolvimento da capacidade de aprendizagem, tendo em vista a aquisição de conhecimentos e habilidades, e a formação de atitudes e valores;

1.4 - o fortalecimento dos vínculos de família, dos laços de solidariedade humana e de tolerância recíproca em que se assenta a vida social.

(Artigo 32, I a IV)

2 - *DO ENSINO MÉDIO*: os conteúdos, as metodologias e as formas de avaliação serão organizadas de tal forma que, ao final do ensino médio, o educando demonstre:

2.1 - domínio dos princípios científicos e tecnológicos que presidem a produção moderna;

2.2 - conhecimentos das formas contemporâneas de linguagem;

2.3 - domínio de conhecimentos de filosofia e sociologia, necessários ao exercício da cidadania.

(Artigo 36, § 1º)

Desde há muito tempo, especialmente a partir da década de 1960, a palavra objetivo vem se firmando nas leis, planos, projetos e programa de educação escolar.

Muitas são as definições e várias as classificações de tais objetivos.

Objetivo, no enfoque sistêmico, significa o desempenho esperado do produto de um sistema.

O Prof. José Missael Ferreira do Vale, em trabalhos memoráveis publicados em documentos pela Secretaria da Educação de São Paulo na década de 1970, estabeleceu uma diferença interessante entre objetivos educacionais e objetivos instrucionais:

"A grande confusão que ainda existe em torno dessas duas expressões deve-se ao fato de que ainda não se chegou a compreender as diferenças de

níveis de planejamento, *pois que, enquanto os* **objetivos educacionais** *se relacionam aos* **fins últimos** *que o plano tem em mira, os* **objetivos instrucionais se relacionam aos meios** *que são utilizados para o alcance dos* **fins** *propostos.*

Os **objetivos educacionais** *são mais amplos, mais gerais, pois são as* **metas** *a serem atingidas, em qualquer plano e em qualquer nível. Os* **objetivos instrucionais** *referem-se aos objetivos mais específicos, relacionados ao* **conhecimento** *que servirá como* **meio** *para desenvolver certas capacidades, atitudes e habilidades e certos hábitos que se propõem em plano, com os objetivos educacionais".*

Assim, por exemplo, se se considerar isoladamente o plano de ensino para uma escola, há que se ter, ali, bem definidos, dois tipos de objetivos:

a) **Objetivos Educacionais:** *previstos na Constituição (artigo 205) e na* LDB (artigos 1º, 22, 29, 32, 35 e 43);

b) **Objetivos Instrucionais:** *referem-se a cada um dos componentes curriculares, para alcançar aqueles* **objetivos** *educacionais que se dirigem aos mais amplos (também educacionais), propostos no Plano Nacional de Educação.*

Uma ilustração dessa idéia:

Quando na grade do ensino fundamental considerarmos que a matemática tem por objetivo "compreender a linguagem matemática, possibilitando o uso claro e preciso da representação simbólica que lhe é pertinente", o que estamos considerando, em verdade, é o **Objetivo Instrucional**, *que é um meio de se alcançar os objetivos mais amplos, isto é, os educacionais. E, para que esse objetivo (específico da matemática) possa ser alcançado, propõe-se, logo em seguida, um conjunto de itens e tópicos que devem ser entendidos como* **padrões de comportamento** *ou* **atividade** *e não como "conteúdo", como impropriamente se tem pretendido.*

Assim, quando considerarmos (na matemática) o item: "fazer correspondência entre conjuntos", não estamos nos referindo a "conteúdo", mas a uma "atividade ou experiência a ser realizada, com vistas ao desenvolvimento de **hábitos, atitudes e habilidades**, *que se pressupõem compatíveis com os* **objetivos instrucionais** *e coerentes com os* **objetivos educacionais do plano".**

Os objetivos gerais ou fins da educação exprimem os resultados finais do processo educativo escolar.

ORGANIZAÇÃO DA EDUCAÇÃO BÁSICA: poderá organizar-se em séries anuais, períodos semestrais, ciclos, alternância regular de períodos de estudos, grupos não-seriados, com base na idade, na competência ou em outros critérios quando o processo de aprendizagem assim o recomendar.

(Artigo 23, *caput*)

Na verdade, muitos estados e municípios já estavam organizando o então ensino de 1º Grau em ciclos, como São Paulo: 1º ciclo ou básico (1ª e 2ª séries); 2º ciclo ou intermediário (3ª a 5ª séries) e 3º ciclo ou terminal (6ª a 8ª séries). Atualmente o ensino fundamental nas escolas públicas estaduais de São Paulo divide-se em 2 ciclos: 1º ciclo (1ª a 4ª séries) e 2º ciclo (5ª a 8ª séries), funcionando, de preferência, em prédios separados. É, como se vê, uma volta (não um retrocesso) à Lei 4.024/61, quando a divisão era ensino primário e ensino ginasial, este acoplado ao ensino médio.

"P"

PRINCÍPIOS DO ENSINO: o ensino será ministrado com base nos seguintes princípios:

a) igualdade de condições para o acesso e a permanência na escola;
b) liberdade de aprender, ensinar, pesquisar e divulgar a cultura, o pensamento, a arte e o saber;
c) pluralismo de idéias e concepções pedagógicas;
d) respeito à liberdade e apreço à tolerância;
e) coexistência de instituições públicas e privadas de ensino;
f) gratuidade do ensino público em estabelecimentos oficiais;
g) valorização do profissional da educação escolar;

h) gestão democrática do ensino público, na forma desta Lei e da legislação dos sistemas de ensino;
i) garantia de padrão de qualidade;
j) valorização da experiência extra-escolar;
k) vinculação entre a educação escolar, o trabalho e as práticas sociais.
(Artigo 3º, I a XI)

Também cópia da Constituição (artigo 206).
Tanto os princípios da educação nacional como os do ensino exprimem propósitos, isto é, como uma maneira de visualizar o futuro, esperando que eles se manifestem pela ação educativa.

PRINCÍPIOS E IDEAIS DA EDUCAÇÃO NACIONAL: a educação, dever da família e do Estado, será inspirada nos princípios de liberdade e nos ideais de solidariedade humana.
(Artigo 2º)

Nada mais do que cópia da Constituição Federal (artigo 205).

PROFISSIONAIS DA EDUCAÇÃO:
1 - *FUNDAMENTOS*: a formação de profissionais da educação, de modo a atender aos objetivos dos diferentes níveis e modalidades de ensino e às características de cada fase do desenvolvimento do educando, terá como fundamentos:
1.1 - a associação entre teorias e práticas, inclusive mediante a capacitação em serviço;
1.2 - o aproveitamento da formação e experiências anteriores em instituições de ensino e outras atividades.
(Artigo 61, I e II)

2 - *PARA A EDUCAÇÃO BÁSICA:* a formação será feita em nível superior, em curso de licenciatura, de graduação plena, em universidades e institutos superiores de educação; admitida, como formação mínima para o exercício do magistério na educação infantil

Índice Alfabético dos Principais Termos e Expressões da LDB

e nas quatro primeiras séries do ensino fundamental, a oferecida em nível médio, na modalidade Normal.
(Artigo 62)

3 - *PARA A ADMINISTRAÇÃO, PLANEJAMENTO, INSPEÇÃO, SUPERVISÃO E ORIENTAÇÃO EDUCACIONAL:* a formação far-se-á em cursos de graduação em pedagogia ou em nível de pós-graduação, a critério da instituição de ensino, garantida, nesta formação, a base comum nacional.
(Artigo 64)

4 - *PARA A EDUCAÇÃO SUPERIOR:* a preparação para o exercício do magistério superior far-se-á em nível de pós-graduação, prioritariamente, em programas de mestrado e doutorado. O notório saber será reconhecido.
(Artigo 66, parágrafo único)

Para a educação básica os profissionais da educação são de duas categorias: os docentes e os que se dedicarão à administração, ao planejamento, à inspeção, à supervisão e à orientação educacional. Estas categorias deverão ser formadas em nível superior, admitindo a formação precária em nível médio para os docentes da 1ª a 4ª séries do ensino fundamental. O prazo dessa precariedade termina, nos termos da lei, no ano 2007. Ver para crer.

"R"

RENDIMENTO ESCOLAR NA EDUCAÇÃO BÁSICA: critérios:
1 - avaliação contínua e cumulativa do desempenho do aluno, com prevalência dos aspectos qualitativos sobre os quantitativos, e dos resultados do longo período sobre os de eventuais provas finais;
2 - possibilidade de aceleração de estudos para alunos com atraso escolar;
3 - possibilidade de avanço nos cursos e nas séries mediante verificação do aprendizado;

4 - aproveitamento de estudos concluídos com êxito;

5 - obrigatoriedade de estudos de recuperação, de preferência paralelos ao período letivo, para os casos de baixo rendimento escolar a serem disciplinados pelas instituições de ensino em seus regimentos.

(Artigo 24, V "a" e "e")

Avaliação em sentido educacional é a forma pela qual o professor procura determinar a natureza e a quantidade de mudanças efetuadas no comportamento do educando, em função dos objetivos e das estratégias aplicadas;

- "Processo de atribuir símbolos aos fenômenos, símbolos estes que significam o valor do fenômeno em relação a um esquema valorativo qualquer". (Bradfield e Maredocke H.L.: Medidas e testes em educação).

- é julgar o que se tem conseguido em termos objetivos que se está perseguindo.

*- é o procedimento **técnico** que visa "**medir**" o valor ou a **utilidade** das atividades desenvolvidas, com vistas ao alcance de certos objetivos.*

*- é o procedimento **técnico** que permite **analisar** a **eficiência** e **eficácia** de certas "operações" realizadas.*

*- é o procedimento **técnico** que visa obter uma **estimativa correta** da **magnitude dos problemas** existentes, tendo em vista a **definição de prioridades** para solução desses mesmos problemas.*

*- é o **processo de atribuição de números** que permita o **estabelecimento de relações significativas** entre os valores obtidos.*

Observações:

*1 - a simples atribuição de números a certas propriedades não constitui, em si, processo de avaliação, como em muitos casos se tem pretendido; pode ser considerado um processo de atribuição de números que permita uma **interpretação** verdadeiramente **representativa da idéia**, ou do **juízo de valor** que atribuímos a determinados objetos. Logo, é um processo de **investigação**, de **experimentação**, que possibilita determinar o "**grau de ajustamento**" entre o juízo emitido e a propriedade avaliada.*

*2 - avaliar, no sentido exato da expressão, não consiste em aplicar (de maneira simplista) uma prova, e atribuir (da mesma forma) uma nota ou um conceito abstrato, porque isso não nos fornece os elementos de que necessitamos quando pensamos em planejamento verdadeiro. O que é mais importante em avaliação é que os processos e métodos empregados para avaliar satisfaçam **o critério da interpretação dos resultados, da compreensão que deles se possa ter, e de como esses resultados foram obtidos.***

*3 - Em suma: **avaliar é comparar entre si: o desejado e o realizado. Quer dizer, é um processo contínuo que classifica em determinados padrões os resultados obtidos pelo controle, apresentando soluções alternativas para corrigir ou incrementar a dinâmica educacional.***

AVALIAÇÃO DIAGNÓSTICA: *Refere-se à sondagem do aluno pelo professor, para saber se aquele apresenta os pré-requisitos indispensáveis em termos de conhecimentos e habilidades, para as diferentes experiências de aprendizagem que serão propostas.*

Sendo a avaliação diagnóstica a sondagem de pré-requisitos para as diferentes experiências de aprendizagem que se proporão ao aluno, essas diferentes experiências de aprendizagem não aparecem só no início do ano letivo. Daí a avaliação diagnóstica não se restringir somente ao período letivo após o planejamento.

AVALIAÇÃO EDUCATIVA: *"É um processo complexo que começa com a formulação de objetivos e requer a elaboração de meios para obter evidência de resultados, interpretação dos resultados para saber em que medida foram os objetivos alcançados e formulação de um juízo de valor."*(Sarubbi, em Turra, C. M. G. et al.)

AVALIAÇÃO EM GRUPO: *avaliação dos trabalhos do aluno, sejam esses trabalhos individuais ou em equipe. Pode ser feito pelo grupo, daí a expressão avaliação em grupo; "qualquer atividade discursiva na qual um grupo analisa e avalia sua atividade, seu progresso e seu rendimento".*

AVALIAÇÃO FORMATIVA: *"Realizada no decorrer do processo de aprendizagem, informa como cada etapa exata está sendo vencida, evidenciando se há necessidade de retificação, enriquecimento ou integração da aprendizagem" (Bloom, Hustings, Madans. Handbook on Formative and Summative Evaluation of Student Learning, McGraw-Hill Book Company, 1971).*

AVALIAÇÃO SOMATIVA: *"Indica em que extensão a aprendizagem tomou lugar, informando da eficácia do processo de instrução e da situação do aluno em relação ao seu próprio progresso na classe, como resultado final" (Bloom, Hustings, Madans. Handbook on Formative and Summative Evaluation of Student Learning, McGraw-Hill Book Company, 1971).*

RURAL (Ensino): na oferta da educação básica para a população rural, os sistemas de ensino promoverão as adaptações necessárias à sua adequação às peculiaridades da vida rural e de cada região, especialmente:

1 - os conteúdos curriculares e metodológicos apropriados às reais necessidades e interesses dos alunos da zona rural;

2 - organização escolar própria, incluindo a adequação do calendário escolar a fases do ciclo agrícola e às condições climáticas;

3 - adequação à natureza do trabalho na zona rural.

(Artigo 28, I a IV)

Este é um velho problema: a educação básica para a população rural.

Hoje, porém, o problema tem-se modificado, uma vez que a distribuição da população quase se inverteu nos últimos 50 anos, quando mais de 70% dos habitantes do Brasil moram nas zonas urbanas. Mesmo assim, as recomendações da LDB *deveriam valer para as cidades que sediam regiões onde a principal atividade econômica é a agrícola. As escolas das zonas periféricas dessas cidades, cujos alunos, em sua maioria, são filhos dos chamados "bóias-frias", têm problema de freqüência às aulas nas épocas de colheitas.*

"S"

SISTEMA DE ENSINO:

1 - *TIPOS E ORGANIZAÇÃO:* a União, os estados, o Distrito Federal e os municípios organizarão, em regime de colaboração, os respectivos sistemas de ensino, cabendo à União a coordenação da política nacional de educação, articulando os diferentes níveis e sistemas e exercendo função normativa, redistributiva e supletiva em relação às demais instâncias educacionais. Os sistemas de ensino terão liberdade de organização nos termos da LDB.

(Artigo 8º, §§ 1º e 2º)

2 - *COMPOSIÇÃO:*

2.1 - o sistema federal de ensino compreende:
   a) as instituições de ensino mantidas pela União;
   b) as instituições de educação superior criadas e mantidas pela iniciativa privada;
   c) os órgãos federais de educação.

2.2 - os sistemas de ensino dos estados e do Distrito Federal compreendem:
   a) as instituições de ensino mantidas, respectivamente, pelo Poder Público estadual e pelo Distrito Federal;
   b) as instituições de educação superior mantidas pelo Poder Público municipal;
   c) as instituições de ensino fundamental e médio criadas e mantidas pela iniciativa privada;
   d) os órgãos de educação estaduais e do Distrito Federal, respectivamente.

2.3 - os sistemas municipais de ensino compreendem:
   a) as instituições de ensino fundamental médio e de educação infantil mantidas pelo Poder Público municipal;
   b) as instituições de educação infantil, criadas e mantidas pela iniciativa privada;
   c) os órgãos municipais de educação.

(Artigos 16, 17, 18 e 19)

Por sistema entende-se uma entidade composta de partes, direta ou indiretamente relacionadas entre si, com um objetivo comum; ou um todo dinâmico composto de várias partes, relacionadas entre si, por ter um objetivo comum.

Tratando-se de educação, o Prof. José Augusto Dias, em vários de seus escritos, tem feito as seguintes colocações: "[...] preferimos dizer **sistema escolar** *a* **sistema de ensino** *ou* **sistema de educação**. **Sistema de educação** *é expressão ampla demais; confunde-se com a própria sociedade, pois teria de englobar todas as agências sociais que educam: família, clubes, empresas, grupos informais, pessoas, escolas etc.* **Sistema de ensino** *seria expressão com amplitude intermediária e teria de abranger, além das escolas, também outras instituições e pessoas que se dedicam à educação sistemática: catequistas, professores particulares etc. Sistema escolar compreende uma rede de escolas e sua estrutura de sustentação".*

Apesar de concordarmos com o ilustre mestre, a LDB, *no título* IV, *ao tratar da organização nacional (artigos 8º a 20) fala somente em* **sistemas de ensino** *da União, dos estados e Distrito Federal e dos municípios.*

"U"

UNIVERSIDADES: são instituições pluridisciplinares de formação dos quadros profissionais de nível superior, de pesquisa, de extensão e de domínio e cultivo do saber humano.

(Artigo 52)

Há mudanças consideráveis não só quanto ao conceito de universidades, mas também quanto aos seus objetivos, sua estrutura, seu credenciamento, mas, para nós, o que realmente vai definir a qualidade de uma universidade é saber e poder usar sua autonomia prevista tanto na Constituição (artigo 207) como na LDB *(artigos 53 e 54).*

Anexos
Legislação do Ensino

ANEXO 1

CONSTITUIÇÃO DA REPÚBLICA FEDERATIVA DO BRASIL

CAPÍTULO III
DA EDUCAÇÃO, DA CULTURA E DO DESPORTO

Seção I
Da Educação

Art. 205 - A educação, direito de todos e dever do Estado e da família, será promovida e incentivada com a colaboração da sociedade, visando ao pleno desenvolvimento da pessoa, seu preparo para o exercício da cidadania e sua qualificação para o trabalho.

Art. 206 - O ensino será ministrado com base nos seguintes princípios:

I - igualdade de condições para o acesso e permanência na escola;

II - liberdade de aprender, ensinar, pesquisar e divulgar o pensamento, a arte e o saber;

III - pluralismo de idéias e de concepções pedagógicas, e coexistência de instituições públicas e privadas de ensino;

IV - gratuidade do ensino público em estabelecimentos oficiais;

V- valorização dos profissionais de ensino, garantidos, na forma da lei, planos de carreira para o magistério público, com piso salarial profissional e ingresso exclusivamente por concurso público

de provas e títulos, assegurado regime jurídico único para todas as instituições mantidas pela União";
VI - gestão democrática do ensino público, na forma da lei;
VII - garantia de padrão de qualidade.

Art. 207 - As universidades gozam de autonomia didático-científica, administrativa e de gestão financeira e patrimonial, e obedecerão ao princípio de indissociabilidade entre ensino, pesquisa e extensão.

§ 1º É facultado às universidades admitir professores, técnicos e cientistas estrangeiros, na forma da lei.

§ 2º O disposto neste artigo aplica-se às instituições de pesquisa científica e tecnológica.

Art. 208 - O dever do Estado com a educação será efetivado mediante a garantia de:

I - ensino fundamental obrigatório e gratuito, assegurada, inclusive, sua oferta gratuita para todos os que a ele não tiveram acesso na idade própria;

II - progressiva universalização do ensino médio gratuito;

III - atendimento educacional especializado aos portadores de deficiência, preferencialmente na rede regular de ensino;

IV - atendimento em creche e pré-escola às crianças de zero a seis anos de idade;

V - acesso aos níveis mais elevados do ensino, da pesquisa e da criação artística, segundo a capacidade de cada um;

VI - oferta de ensino noturno regular, adequado às condições do educando;

VII - atendimento ao educando, no ensino fundamental, através de programas suplementares de material didático-escolar, transporte, alimentação e assistência à saúde.

§ 1º O acesso ao ensino obrigatório e gratuito é direito público subjetivo.

§ 2º O não-oferecimento do ensino obrigatório pelo Poder Público, ou sua oferta irregular, importa responsabilidade da autoridade competente.

§ 3º Compete ao Poder Público recensear os educandos no ensino fundamental, fazer-lhes a chamada e zelar, junto aos pais ou responsáveis, pela freqüência à escola.

Art. 209 - O ensino é livre à iniciativa privada, atendidas as seguintes condições:
I - cumprimento das normas gerais da educação nacional;
II - autorização e avaliação de qualidade pelo Poder Público.

Art. 210 - Serão fixados conteúdos mínimos para o ensino fundamental, de maneira a assegurar formação básica comum e respeito aos valores culturais e artísticos, nacionais e regionais.
§ 1º O ensino religioso, de matrícula facultativa, constituirá disciplina dos horários normais das escolas públicas de ensino fundamental.
§ 2º O ensino fundamental regular será ministrado em língua portuguesa, assegurada às comunidades indígenas também a utilização de suas línguas maternas e processos próprios de aprendizagem.

Art. 211 - A União, os Estados, o Distrito Federal e os Municípios organizarão em regime de colaboração seus sistemas de ensino.
§ 1º A União organizará o sistema federal de ensino e o dos Territórios, financiará as instituições de ensino públicas federais e exercerá, em matéria educacional, função redistributiva e supletiva, de forma a garantir equalização de oportunidades educacionais e padrão mínimo de qualidade do ensino mediante assistência técnica e financeira aos Estados, ao Distrito Federal e aos Municípios.
§ 2º Os Municípios atuarão prioritariamente no ensino fundamental e na educação infantil.
§ 3º Os Estados e o Distrito Federal atuarão prioritariamente no ensino fundamental e médio.
§ 4º Na organização de seus sistemas de ensino, os Estados e os Municípios definirão formas de colaboração, de modo a assegurar a universalização do ensino obrigatório.

Art. 212 - A União aplicará, anualmente, nunca menos de dezoito, e os Estados, o Distrito Federal e os Municípios vinte e cinco por cento, no mínimo, da receita resultante de impostos, compreendida a proveniente de transferências, na manutenção e desenvolvimento do ensino.

§ 1º A parcela da arrecadação de impostos transferida pela União aos Estados, ao Distrito Federal e aos Municípios, ou pelos Estados aos respectivos Municípios, não é considerada, para efeito do cálculo previsto neste artigo, receita do governo que a transferir.

§ 2º Para efeito do cumprimento do disposto no *caput* deste artigo, serão considerados os sistemas de ensino federal, estadual e municipal e os recursos aplicados na forma do art. 213.

§ 3º A distribuição dos recursos públicos assegurará prioridade ao atendimento das necessidades do ensino obrigatório, nos termos do plano nacional de educação.

§ 4º Os programas suplementares de alimentação e assistência à saúde previstos no art. 208, VII, serão financiados com recursos provenientes de contribuições sociais e outros recursos orçamentários.

§ 5º O ensino fundamental público terá como fonte adicional de financiamento a contribuição social do salário-educação, recolhida pelas empresas na forma da lei.

Art. 213 - Os recursos públicos serão destinados às escolas públicas, podendo ser dirigidos a escolas comunitárias, confessionais ou filantrópicas, definidas em lei, que:

I - comprovem finalidade não-lucrativa e apliquem seus excedentes financeiros em educação;

II - assegurem a destinação de seu patrimônio a outra escola comunitária, filantrópica ou confessional, ou ao Poder Público, no caso de encerramento de suas atividades.

§ 1º Os recursos de que trata este artigo poderão ser destinados a bolsas de estudo para o ensino fundamental e médio, na forma da lei, para os que demonstrarem insuficiência de recursos, quando houver falta de vagas e cursos regulares da rede pública na localidade da residência do educando, ficando o Poder Público obrigado a investir prioritariamente na expansão de sua rede na localidade.

§ 2º As atividades universitárias de pesquisa e extensão poderão receber apoio financeiro do Poder Público.

Art. 214 - A lei estabelecerá o plano nacional de educação, de duração plurianual, visando à articulação e ao desenvolvimento do ensino em seus diversos níveis e à integração das ações do Poder Público que conduzam à:

I - erradicação do analfabetismo;
II - universalização do atendimento escolar;
III - melhoria da qualidade do ensino;
IV - formação para o trabalho; e
V - promoção humanística, científica e tecnológica do País.

ANEXO 2

EMENDA CONSTITUCIONAL Nº 14/96

Modifica os artigos 34, 208, 211 e 212 da Constituição Federal e dá nova redação ao art. 60 do Ato das Disposições Constitucionais Transitórias.

As mesas da Câmara dos Deputados e do Senado Federal, nos termos do § 3º do art. 60 da Constituição Federal, promulgam a seguinte emenda ao texto constitucional:

Art. 1º - É acrescentada no inciso VII do art. 34 da Constituição Federal a alínea "e", com a seguinte redação:

"e) aplicação do mínimo exigido da receita resultante de impostos estaduais, compreendida a proveniente de transferências, na manutenção e desenvolvimento do ensino".

Art. 2º - É dada nova redação aos incisos I e II do art. 208 da Constituição Federal, nos seguintes termos:

"I - ensino fundamental obrigatório e gratuito, assegurada, inclusive, sua oferta gratuita para todos os que a ele não tiverem acesso na idade própria";

"II - progressiva universalização do ensino médio gratuito";

Art. 3º - É dada nova redação aos §§ 1º e 2º do art. 211 da Constituição Federal e nele são inseridos mais dois parágrafos, passando a ter a seguinte redação:

"Art. 211..

§ 1º - A União organizará o sistema federal de ensino e o dos Territórios, financiará as instituições de ensino públicas federais e exercerá, em matéria educacional, função redistributiva e supletiva, de forma a garantir equalização de oportunidades educacionais e padrão mínimo de qualidade do ensino, mediante assistência técnica e financeira aos Estados, ao Distrito Federal e aos Municípios.

§ 2º - Os Municípios atuarão prioritariamente no ensino fundamental e na educação infantil.

§ 3º - Os Estados e o Distrito Federal atuarão prioritariamente no ensino fundamental e médio.

§ 4º - Na organização de seus sistemas de ensino, os Estados e os Municípios definirão formas de colaboração, de modo a assegurar a universalização do ensino obrigatório".

Art. 4º - É dada nova redação ao § 5º do art. 212 da Constituição Federal nos seguintes termos:

"§ 5º - O ensino fundamental público terá como fonte adicional de financiamento a contribuição social do salário-educação, recolhida pelas empresas, na forma da lei".

Art. 5º - É alterado o art. 60 do Ato das Disposições Constitucionais Transitórias e nele são inseridos novos parágrafos, passando o artigo a ter a seguinte redação:

"Art. 60 - Nos dez primeiros anos da promulgação desta emenda, os Estados, o Distrito Federal e os Municípios destinarão não menos de sessenta por cento dos recursos a que se refere o *caput* do art. 212 da Constituição Federal, à manutenção e ao desenvolvimento do ensino fundamental, com o objetivo de assegurar a universalização de seu atendimento e a remuneração condigna do magistério.

§ 1º - A distribuição de responsabilidades e recursos entre os Estados e seus Municípios a ser concretizada com parte dos recursos definidos neste artigo, na forma do disposto no art. 211 da Constituição Federal, é assegurada mediante a criação, no âmbito de cada Estado e do Distrito Federal, de um Fundo de Manutenção e Desenvolvimento do Ensino Fundamental e de Valorização do Magistério, de natureza contábil.

§ 2º - O Fundo referido no parágrafo anterior será constituído por, pelo menos, quinze por cento dos recursos a que se referem os arts. 155, inciso II; 158, inciso IV; e 159, inciso I, alíneas "a" e "b"; e inciso II, da Constituição Federal, e será distribuído entre cada Estado e seus Municípios, proporcionalmente ao número de alunos nas respectivas redes de ensino fundamental.

§ 3º - A União complementará os recursos dos Fundos a que se refere o § 1º sempre que, em cada Estado e no Distrito Federal, seu valor por aluno não alcançar o mínimo definido nacionalmente.

§ 4º - A União, os Estados, o Distrito Federal e os Municípios ajustarão progressivamente, em um prazo de cinco anos, suas contribuições ao Fundo, de forma a garantir um valor por aluno correspondente a um padrão mínimo de qualidade de ensino, definido nacionalmente.

§ 5º - Uma proporção não inferior a sessenta por cento dos recursos de cada fundo referido no § 1º será destinada ao pagamento dos professores do ensino fundamental em efetivo exercício no magistério.

§ 6º - A União aplicará na erradicação do analfabetismo e na manutenção e no desenvolvimento do ensino fundamental, inclusive na complementação a que se refere o § 3º, nunca menos que o equivalente a trinta por cento dos recursos a que se refere o *caput* do art. 212 da Constituição Federal.

§ 7º - A lei disporá sobre a organização dos Fundos, a distribuição proporcional de seus recursos, sua fiscalização e controle, bem como sobre a forma de cálculo do valor mínimo nacional por aluno".

Art. 6º - Esta emenda entra em vigor a primeiro de janeiro do ano subseqüente ao de sua promulgação.

Brasília, 12 de setembro de 1996.

ANEXO 3

LEI Nº 9.131, DE 24 DE NOVEMBRO DE 1995

Altera dispositivos da Lei nº 4.024, de 20 de dezembro de 1961, e dá outras providências.

O PRESIDENTE DA REPÚBLICA

Faço saber que o Congresso Nacional decreta e eu sanciono a seguinte Lei:

Art. 1º - Os arts. 6º, 7º, 8º e 9º da Lei nº 4.024 de 20 de dezembro de 1961 passam a vigorar com a seguinte redação:

Art. 6º - O Ministério da Educação e do Desporto exerce as atribuições do poder público federal em matéria de educação, cabendo-lhe formular e avaliar a política nacional de educação, zelar pela qualidade do ensino e velar pelo cumprimento das leis que o regem.

§ 1º - No desempenho de suas funções, o Ministério da Educação e do Desporto contará com a colaboração do Conselho Nacional de Educação e das Câmaras que o compõem.

§ 2º - Os conselheiros exercem função de interesse público relevante, com precedência sobre quaisquer outros cargos públicos de que sejam titulares e, quando convocados, farão jus a transporte, diárias e jetons de presença a serem fixados pelo Ministro de Estado da Educação e do Desporto.

§ 3º - O ensino militar será regulado por lei especial.

§ 4º - (VETADO).

Art. 7º - O Conselho Nacional de Educação, composto pelas Câmaras de Educação Básica e de Educação Superior, terá atribuições normativas, deliberativas e de assessoramento ao Ministro de Estado da Educação e do Desporto, de forma a assegurar a participação da sociedade no aperfeiçoamento da educação nacional.

§ 1º - Ao Conselho Nacional de Educação, além de outras atribuições que lhe forem conferidas por lei, compete:

a) subsidiar a elaboração e acompanhar a execução do Plano Nacional de Educação;

b) manifestar-se sobre questões que abranjam mais de um nível ou modalidade de ensino;

c) assessorar o Ministério da Educação e do Desporto no diagnóstico dos problemas e deliberar sobre medidas para aperfeiçoar os sistemas de ensino, especialmente no que diz respeito à integração dos seus diferentes níveis e modalidades;

d) emitir parecer sobre assuntos da área educacional, por iniciativa de seus conselheiros ou quando solicitado pelo Ministro de Estado da Educação e do Desporto;

e) manter intercâmbio com os sistemas de ensino dos Estados e do Distrito Federal;

f) analisar e emitir parecer sobre questões relativas à aplicação da legislação educacional, no que diz respeito à integração entre os diferentes níveis e modalidades de ensino;

g) elaborar o seu regimento, a ser aprovado pelo Ministro de Estado da Educação e do Desporto.

§ 2º - O Conselho Nacional de Educação reunir-se-á ordinariamente a cada dois meses e suas Câmaras, mensalmente e extraordinariamente sempre que convocado pelo Ministro de Estado da Educação e do Desporto.

§ 3º - O Conselho Nacional da Educação será presidido por um de seus membros, eleito por seus pares para mandato de dois anos, vedada a reeleição imediata.

§ 4º - O Ministro de Estado da Educação e do Desporto presidirá as sessões a que comparecer.

Art. 8º - A Câmara de Educação Básica e a Câmara de Educação Superior serão constituídas, cada uma, por doze conselheiros, sendo membros natos, na Câmara de Educação Básica, o Secretário de Educação Fundamental, e na Câmara de Educação Superior, o Secretário de Educação Superior, ambos do Ministério da Educação e do Desporto e nomeados pelo Presidente da República.

§ 1º - A escolha e nomeação dos conselheiros será feita pelo Presidente da República sendo que, pelo menos a metade, obrigatoriamente, dentre os indicados em listas elaboradas especialmente para cada Câmara, mediante consulta a entidades da sociedade civil, relacionadas às áreas de atuação dos respectivos colegiados.

§ 2º - Para a Câmara de Educação Básica a consulta envolverá, necessariamente, indicações formuladas por entidades nacionais, públicas e particulares, que congreguem os docentes, dirigentes de instituições de ensino e os Secretários de Educação dos Municípios, dos Estados e do Distrito Federal.

§ 3º - Para a Câmara de Educação Superior a consulta envolverá, necessariamente, indicações formuladas por entidades nacionais, públicas e particulares, que congreguem os reitores de universidades, diretores de instituições isoladas, os docentes, os estudantes e segmentos representativos da comunidade científica.

§ 4º - A indicação, a ser feita por entidades e segmentos da sociedade civil, deverá incidir sobre brasileiro de reputação ilibada, que tenha prestado serviços relevantes à educação, à ciência e à cultura.

§ 5º - Na escolha dos nomes que comporão as Câmaras, o Presidente da República levará em conta a necessidade de estarem representadas todas as regiões do país e as diversas modalidades de ensino, de acordo com a especificidade de cada colegiado.

§ 6º - Os conselheiros terão mandato de quatro anos, permitida uma recondução para o período imediatamente subseqüente, havendo renovação de metade das Câmaras a cada dois anos, sendo que, quando da constituição do Conselho, metade de seus membros serão nomeados com mandato de dois anos.

§ 7º - Cada Câmara será presidida por um conselheiro escolhido por seus pares, vedada a escolha do membro nato, para mandato de um ano, permitida uma única reeleição imediata.

Art. 9º - As Câmaras emitirão pareceres e decidirão, privativa e automaticamente, os assuntos a elas pertinentes, cabendo, quando for o caso, recursos ao Conselho Pleno.

§ 1º - São atribuições da Câmara de Educação Básica:

a) examinar os problemas da educação infantil, do ensino fundamental, da educação especial e do ensino médio e tecnológico e oferecer sugestões para sua solução;

b) analisar e emitir parecer sobre os resultados dos processos de avaliação dos diferentes níveis e modalidades mencionados na alínea anterior;

c) deliberar sobre as diretrizes curriculares propostas pelo Ministério da Educação e do Desporto;

d) colaborar na preparação do Plano Nacional de Educação e acompanhar sua execução, no âmbito de sua atuação;

e) assessorar o Ministro de Estado da Educação e do Desporto em todos os assuntos relativos à educação básica;

f) manter intercâmbio com os sistemas de ensino dos Estados e do Distrito Federal, acompanhando a execução dos respectivos Planos de Educação;

g) analisar as questões relativas à aplicação da legislação referente à educação básica.

§ 2º - São atribuições da Câmara de Educação Superior:

a) analisar e emitir parecer sobre os resultados dos processos de avaliação da educação superior;

b) oferecer sugestões para a elaboração do Plano Nacional de Educação e acompanhar sua execução, no âmbito de sua atuação;

c) deliberar sobre as diretrizes curriculares propostas pelo Ministério da Educação e do Desporto, para os cursos de graduação;

d) deliberar sobre os relatórios encaminhados pelo Ministério da Educação e do Desporto sobre o reconhecimento de cursos e habilitações oferecidos por instituições de ensino superior, assim como sobre autorização prévia daqueles oferecidos por instituições não universitárias;

e) deliberar sobre a autorização, o credenciamento e o recredenciamento periódico de instituições de educação superior, inclusive de universidades, com base em relatório e avaliações apresentados pelo Ministério da Educação e do Desporto;

f) deliberar sobre os estatutos das universidades e o regimento das demais instituições de educação superior que fazem parte do sistema federal de ensino;

g) deliberar sobre os relatórios para reconhecimento periódico de cursos de mestrado e doutorado, elaborados pelo Ministério da Educação e do Desporto, com base na avaliação dos cursos;

h) analisar questões relativas à aplicação da legislação referente à educação superior;

i) assessorar Ministro de Estado da Educação e do Desporto nos assuntos relativos à educação superior.

§ 3º - As atribuições constantes das alíneas "d", "e", e "f" do parágrafo anterior poderão ser delegadas, em parte ou no todo, aos Estados e ao Distrito Federal.

§ 4º - O recredenciamento a que refere a alínea "e" do § 2º deste artigo poderá incluir determinação para a desativação de cursos e habilitações.

Art. 2º - As deliberações e pronunciamentos do Conselho Pleno e das Câmaras deverão ser homologados pelo Ministro de Estado da Educação e do Desporto.

Art. 3º - Com vistas ao disposto na letra "e" do § 2º do art. 9º da Lei nº 4.024, de 1961, com a redação dada pela presente Lei, o Ministério da Educação e do Desporto fará realizar avaliações periódicas das instituições e dos cursos de nível superior, fazendo uso de procedimentos e critérios abrangentes dos diversos fatores que determinam a qualidade e a eficiência das atividades de ensino, pesquisa e extensão.

§ 1º - Os procedimentos a serem adotados para as avaliações a que se refere o *caput* incluirão, necessariamente, a realização, a cada ano, de exames nacionais com base nos conteúdos mínimos estabelecidos para cada curso, previamente divulgados e destinados a aferir os conhecimentos e competências adquiridos pelos alunos em fase de conclusão dos cursos de graduação.

§ 2º - O Ministério da Educação e do Desporto divulgará, anualmente, o resultado das avaliações referidas no *caput* deste artigo, inclusive dos exames previstos no parágrafo anterior, informando o desempenho de cada curso, sem identificar nominalmente os alunos avaliados.

§ 3º - A realização de exame referido no § 1º deste artigo é condição prévia para obtenção do diploma, mas constará do histórico escolar de cada aluno apenas o registro da data em que a ele se submeteu.

§ 4º - Os resultados individuais obtidos pelos examinados não serão computados para sua aprovação, mas constarão de documento específico, emitido pelo Ministério da Educação e do Desporto, a ser fornecido exclusivamente a cada aluno.

§ 5º - A divulgação dos resultados dos exames, para fins diversos do instituído neste artigo, implicará responsabilidade para o agente, na forma da legislação pertinente.

§ 6º - O aluno poderá, sempre que julgar conveniente, submeter-se a novo exame, nos anos subseqüentes, fazendo jus a novo documento específico.

§ 7º - A introdução dos exames nacionais, como um dos procedimentos para avaliação dos cursos de graduação, será efetuada gradativamente, a partir do ano seguinte à publicação da presente Lei, cabendo ao Ministro de Estado da Educação e do Desporto determinar os cursos à serem avaliados.

Art. 4º - Os resultados das avaliações referidas no § 1º do art. 2º serão, também, utilizados pelo Ministério da Educação e do Desporto para orientar suas ações no sentido de estimular e fomentar iniciativas voltadas para a melhoria da qualidade de ensino, principalmente as que visem à elevação da qualificação dos docentes.

Art. 5º - São revogadas todas as atribuições e competências do Conselho Federal de Educação previstas em lei.

Art. 6º - São extintos os mandatos dos membros do Conselho Federal de Educação, devendo o Ministério da Educação e do Desporto exercer as atribuições e competências do Conselho Nacional de Educação, até a instalação deste.

Parágrafo único. No prazo de noventa dias, a partir da publicação desta lei, o Poder Executivo adotará as providências necessárias para a instalação do Conselho.

Art. 7º - São convalidados os atos praticados com base na Medida Provisória nº 1.126, de 26 de setembro de 1995, e os processos em andamento no Conselho Federal de Educação quando de sua extinção serão decididos a partir da instalação do Conselho Nacional de Educação, desde que requerido pela parte interessada, no prazo de trinta dias, a contar da vigência desta Lei.

Art. 8º - Esta Lei entra em vigor na data de sua publicação.

Art. 9º - Revogam-se as disposições em contrário.

Brasília, 24 de novembro de 1995;
174º da Independência e 107º da República.
Fernando Henrique Cardoso
Paulo Renato Souza

ANEXO 4

LEI Nº 9.394, DE 20 DE DEZEMBRO DE 1996

Estabelece as diretrizes e bases da Educação Nacional

O PRESIDENTE DA REPÚBLICA

Faço saber que o Congresso Nacional decreta e eu sanciono a seguinte Lei:

TÍTULO I
Da Educação

Art. 1º - A educação abrange os processos formativos que se desenvolvem na vida familiar, na convivência humana, no trabalho, nas instituições de ensino e pesquisa, nos movimentos sociais e organizações da sociedade civil e nas manifestações culturais.

§ 1º - Esta lei disciplina a educação escolar, que se desenvolve, predominantemente, por meio do ensino, em instituições próprias.

§ 2º - A educação escolar deverá vincular-se ao mundo do trabalho e à prática social.

TÍTULO II
Dos Princípios e Fins da Educação Nacional

Art. 2º - A educação, dever da família e do Estado, inspirada nos princípios de liberdade e nos ideais de solidariedade humana, tem por finalidade o pleno desenvolvimento do educando, seu preparo para o exercício da cidadania e sua qualificação para o trabalho.

Art. 3º - O ensino será ministrado com base nos seguintes princípios:

I - igualdade de condições para o acesso e permanência na escola;

II - liberdade de aprender, ensinar, pesquisar e divulgar a cultura, o pensamento, a arte e o saber;

III - pluralismo de idéias e de concepções pedagógicas;

IV - respeito à liberdade e apreço à tolerância;

V - coexistência de instituições públicas e privadas de ensino;

VI - gratuidade do ensino público em estabelecimentos oficiais;

VII - valorização do profissional da educação escolar;

VIII - gestão democrática do ensino público, na forma desta Lei e da legislação dos sistemas de ensino;

IX - garantia de padrão de qualidade;

X - valorização da experiência extra-escolar;

XI - vinculação entre a educação escolar, o trabalho e as práticas sociais.

TÍTULO III
Do Direito à Educação e do Dever de Educar

Art. 4º - O dever do Estado com educação escolar pública será efetivado mediante a garantia de:

I - ensino fundamental, obrigatório e gratuito, inclusive para os que a ele não tiverem acesso na idade própria;

II - progressiva extensão da obrigatoriedade e gratuidade ao ensino médio;

III - atendimento educacional especializado gratuito aos educandos com necessidades especiais, preferencialmente na rede regular de ensino;

IV - atendimento gratuito em creches e pré-escolas às crianças de zero a seis anos de idade;

V - acesso aos níveis mais elevados do ensino, da pesquisa e da criação artística, segundo a capacidade de cada um;

VI - oferta de ensino noturno regular, adequado às condições do educando;

VII - oferta de educação escolar regular para jovens e adultos, com características e modalidades adequadas às suas necessidades e disponibilidades, garantindo-se aos que forem trabalhadores as condições de acesso e permanência na escola;

VIII - atendimento ao educando, no ensino fundamental público, por meio de programas suplementares de material didático-escolar, transporte, alimentação e assistência à saúde;

IX - padrões mínimos de qualidade de ensino, definidos como a variedade e quantidade mínimas, por aluno, de insumos indispensáveis ao desenvolvimento do processo de ensino-aprendizagem.

Art. 5º - O acesso ao ensino fundamental é direito público subjetivo, podendo qualquer cidadão, grupo de cidadãos, associação comunitária, organização sindical, entidade de classe ou outra legalmente constituída, e, ainda o Ministério Público, acionar o Poder Público para exigi-lo.

§ 1º - Compete aos Estados e aos Municípios, em regime de colaboração, e com a assistência da União:

I - recensear a população em idade escolar para o ensino fundamental, e os jovens e adultos que a eles não tiverem acesso;

II - fazer-lhes a chamada pública;

III - zelar, junto aos pais ou responsáveis, pela freqüência à escola.

§ 2º - Em todas as esferas administrativas, o Poder Público assegurará em primeiro lugar o acesso ao ensino obrigatório, nos termos deste artigo, contemplando em seguida os demais níveis e modalidades de ensino, conforme as prioridades constitucionais e legais.

§ 3º - Qualquer das partes mencionadas no *caput* deste artigo tem legitimidade para peticionar o Poder Judiciário, na hipótese do § 2º do art. 208 da Constituição Federal, sendo gratuita e de rito sumário a ação judicial correspondente.

§ 4º - Comprovada a negligência da autoridade competente para garantir o oferecimento do ensino obrigatório, poderá ela ser imputada por crime de responsabilidade.

§ 5º - Para garantir o cumprimento da obrigatoriedade de ensino, o Poder Público criará formas alternativas de acesso aos diferentes níveis de ensino, independentemente da escolarização anterior.

Art. 6º - É dever dos pais ou responsáveis efetuar a matrícula dos menores, a partir dos sete anos de idade, no ensino fundamental.

Art. 7º - O ensino é livre à iniciativa privada, atendidas as seguintes condições:
I - cumprimento das normas gerais da educação nacional e do respectivo sistema de ensino;
II - autorização de funcionamento e avaliação de qualidade pelo Poder Público;
III - capacidade de autofinanciamento, ressalvado o previsto no art. 213 da Constituição Federal.

TÍTULO IV
Da Organização da Educação Nacional

Art. 8º - A União, os Estados, o Distrito Federal e os Municípios organizarão, em regime de colaboração, os respectivos sistemas de ensino.

§ 1º - Caberá à União a coordenação da política nacional de educação, articulando os diferentes níveis e sistemas e exercendo função normativa, redistributiva e supletiva em relação às demais instâncias educacionais.

§ 2º - Os sistemas de ensino terão liberdade de organização nos termos desta Lei.

Art. 9º - A União incumbir-se-à de:
I - elaborar o Plano Nacional de Educação, em colaboração com os Estados, o Distrito Federal e os Municípios;
II - organizar, manter e desenvolver os órgãos e instituições oficiais do sistema federal e de ensino e o dos Territórios;

III - prestar assistência técnica e financeira aos Estados, ao Distrito Federal e aos Municípios para o desenvolvimento de seus sistemas de ensino e o atendimento prioritário à escolaridade obrigatória, exercendo sua função redistributiva e supletiva;

IV - estabelecer, em colaboração com os Estados, o Distrito Federal e os Municípios, competências e diretrizes para a educação infantil, o ensino fundamental e o ensino médio, que nortearão os currículos e seus conteúdos mínimos, de modo a assegurar formação básica comum;

V - coletar, analisar e disseminar informações sobre a educação;

VI - assegurar processo nacional de avaliação do rendimento escolar no ensino fundamental, médio e superior, em colaboração com os sistemas de ensino, objetivando a definição de prioridades e a melhoria da qualidade do ensino;

VII - baixar normas gerais sobre cursos de graduação e pós-graduação;

VIII - assegurar processo nacional de avaliação das instituições de educação superior, com a cooperação dos sistemas que tiverem responsabilidade sobre este nível de ensino;

IX - autorizar, reconhecer, credenciar, supervisionar e avaliar, respectivamente, os cursos das instituições de educação superior e os estabelecimentos do seu sistema de ensino.

§ 1º - Na estrutura educacional, haverá um Conselho Nacional de Educação, com funções normativas e de supervisão e atividade permanente, criado por lei.

§ 2º - Para o cumprimento do disposto nos incisos V a IX, a União terá acesso a todos os dados e informações necessárias de todos os estabelecimentos e órgãos educacionais.

§ 3º - As atribuições constantes do inciso IX poderão ser delegadas aos Estados e ao Distrito Federal, desde que mantenham instituições de educação superior.

Art. 10º - Os Estados incumbir-se-ão de:

I - organizar, manter e desenvolver os órgãos e instituições oficiais dos seus sistemas de ensino;

II - definir, com os Municípios, formas de colaboração na oferta do ensino fundamental, as quais devem assegurar a distribuição proporcional das responsabilidades, de acordo com a população a ser atendida e os recursos financeiros disponíveis em cada uma dessas esferas do Poder Público;

III - elaborar e executar políticas e planos educacionais, em consonância com as diretrizes e planos nacionais de educação, integrando e coordenando as suas ações e as dos seus Municípios;

IV - autorizar, reconhecer, credenciar, supervisionar e avaliar, respectivamente, os cursos das instituições de educação superior e os estabelecimentos do seu sistema de ensino;

V - baixar normas complementares para o seu sistema de ensino;

VI - assegurar o ensino fundamental e oferecer, com prioridade, o ensino médio.

Parágrafo único. Ao Distrito Federal aplicar-se-ão as competências referentes aos Estados e aos Municípios.

Art. 11 - Os Municípios incumbir-se-ão de:

I - organizar, manter e desenvolver os órgãos e instituições oficiais dos seus sistemas de ensino, integrando-os às políticas e planos educacionais da União e dos Estados;

II - exercer ação redistributiva em relação às suas escolas;

III - baixar normas complementares para o seu sistema de ensino;

IV - autorizar, credenciar e supervisionar os estabelecimentos do seu sistema de ensino;

V - oferecer a educação infantil em creches e pré-escolas, e, com prioridade, o ensino fundamental, permitida a atuação em outros níveis de ensino somente quando estiverem atendidas plenamente as necessidades de sua área de competência e com recursos acima dos percentuais mínimos vinculados pela Constituição Federal à manutenção e desenvolvimento do ensino.

Parágrafo único. Os Municípios poderão optar, ainda, por se

integrar ao sistema estadual de ensino ou compor com ele um sistema único de educação básica.

Art. 12 - Os estabelecimentos de ensino, respeitadas as normas comuns e as do seu sistema de ensino, terão a incumbência de:
I - elaborar e executar sua proposta pedagógica;
II - administrar seu pessoal e seus recursos materiais e financeiros;
III - assegurar o cumprimento dos dias letivos e horas-aula estabelecidas;
IV - velar pelo cumprimento do plano de trabalho de cada docente;
V - prover meios para a recuperação dos alunos de menor rendimento;
VI - articular-se com as famílias e a comunidade, criando processos de integração da sociedade com a escola;
VII - informar os pais e responsáveis sobre a freqüência e o rendimento dos alunos, bem como sobre a execução de sua proposta pedagógica;

Art. 13 - Os docentes incumbir-se-ão de:
I - participar da elaboração da proposta pedagógica do estabelecimento de ensino;
II - elaborar e cumprir plano de trabalho, segundo a proposta pedagógica do estabelecimento de ensino;
III - zelar pela aprendizagem dos alunos;
IV - estabelecer estratégias de recuperação para os alunos de menor rendimento;
V - ministrar os dias letivos e horas-aula estabelecidos, além de participar integralmente dos períodos dedicados ao planejamento, à avaliação e ao desenvolvimento profissional.
VI - colaborar com as atividades de articulação da escola com as famílias e a comunidade.

Art. 14 - Os sistemas de ensino definirão as normas da gestão democrática do ensino público na educação básica, de acordo com as suas peculiaridades e conforme os seguintes princípios:

I - participação dos profissionais da educação na elaboração do projeto pedagógico da escola;

II - participação das comunidades escolar e local em conselhos escolares ou equivalentes.

Art. 15 - Os sistemas de ensino assegurarão às unidades escolares públicas de educação básica que os integram progressivos graus de autonomia pedagógica e administrativa e de gestão financeira, observadas as normas gerais de direito financeiro público.

Art. 16 - O sistema federal de ensino compreende:

I - as instituições de ensino mantidas pela União;

II - as instituições de educação superior criadas e mantidas pela iniciativa privada;

III - os órgãos federais de educação.

Art. 17 - Os sistemas de ensino dos Estados e do Distrito Federal compreendem:

I - as instituições de ensino mantidas, respectivamente, pelo Poder Público estadual e pelo Distrito Federal;

II - as instituições de educação superior mantidas pelo Poder Público municipal;

III - as instituições de ensino fundamental e médio criadas e mantidas pela iniciativa privada;

IV - os órgãos de educação estaduais e do Distrito Federal, respectivamente.

Parágrafo único. No Distrito Federal, as instituições de educação infantil, criadas e mantidas pela iniciativa privada, integram seu sistema de ensino.

Art. 18 - Os sistemas municipais de ensino compreendem:

I - as instituições do ensino fundamental, médio e de educação infantil mantidas pelo Poder Público municipal;

II - as instituições de educação infantil criadas e mantidas pela iniciativa privada;
III - os órgãos municipais de educação.

Art. 19 - As instituições de ensino dos diferentes níveis classificam-se nas seguintes categorias administrativas:

I - públicas, assim entendidas as criadas ou incorporadas, mantidas e administradas pelo Poder Público;
II - privadas, assim entendidas as mantidas e administradas por pessoas físicas ou jurídicas de direito privado.

Art. 20 - As instituições privadas de ensino se enquadrarão nas seguintes categorias:

I - particulares em sentido estrito, assim entendidas as que são instituídas e mantidas por uma ou mais pessoas físicas ou jurídicas de direito privado que não apresentem as características dos incisos abaixo:
II - comunitárias, assim entendidas as que são instituídas por grupos de pessoas físicas ou por uma ou mais pessoas jurídicas, inclusive cooperativas de professores e alunos que incluam na sua entidade mantenedora representantes da comunidade;
III - confessionais, assim entendidas as que são instituídas por grupos de pessoas físicas ou por uma ou mais pessoas jurídicas que atendem a orientação confessional e ideologia específicas e ao disposto no inciso anterior;
IV - filantrópicas, na forma da lei.

TÍTULO V
Dos Níveis e das Modalidades de Educação e Ensino

CAPÍTULO I
Da Composição dos Níveis Escolares

Art. 21 - A educação escolar compõe-se de:

I - educação básica, formada pela educação infantil, ensino fundamental e ensino médio.

II - educação superior.

CAPÍTULO II
Da Educação Básica

Seção I
Das Disposições Gerais

Art. 22 - A educação básica tem por finalidade desenvolver o educando, assegurar-lhe a formação comum indispensável para o exercício da cidadania e fornecer-lhe meios para progredir no trabalho e em estudos posteriores.

Art. 23 - A educação básica poderá organizar-se em séries anuais, períodos semestrais, ciclos, alternância regular de períodos de estudos, grupos não-seriados, com base na idade, na competência e em outros critérios, ou por forma diversa de organização, sempre que o interesse do processo de aprendizagem assim o recomendar.

§ 1º - A escola poderá reclassificar os alunos, inclusive quando se tratar de transferências entre estabelecimentos situados no País e no exterior, tendo como base as normas curriculares gerais.

§ 2º - O calendário escolar deverá adequar-se às peculiaridades locais, inclusive climáticas e econômicas, a critério do respectivo sistema de ensino, sem com isso reduzir o número de horas letivas previsto nesta Lei.

Art. 24 - A educação básica, nos níveis fundamental e médio, será organizada de acordo com as seguintes regras comuns:

I - a carga horária mínima anual será de oitocentas horas, distribuídas por um mínimo de duzentos dias de efetivo trabalho escolar, excluído o tempo reservado aos exames finais, quando houver.

II - a classificação em qualquer série ou etapa, exceto a primeira do ensino fundamental, pode ser feita:

a) por promoção, para alunos que cursaram, com aproveitamento, a série ou fase anterior, na própria escola;

b) por transferência, para candidatos procedentes de outras escolas;

c) independentemente de escolarização anterior, mediante avaliação feita pela escola, que defina o grau de desenvolvimento e experiência do candidato e permita sua inscrição na série ou etapa adequada, conforme regulamentação do respectivo sistema de ensino;

III - nos estabelecimentos que adotam a progressão regular por série, o regimento escolar pode admitir formas de progressão parcial, desde que preservada a seqüência do currículo, observadas as normas do respectivo sistema de ensino.

IV - poderão organizar-se classes, ou turmas, com alunos e séries distintas, com níveis equivalentes de adiantamento na matéria, para o ensino de línguas estrangeiras, artes, ou outros componentes curriculares;

V - a verificação do rendimento escolar observará os seguintes critérios:

a) avaliação contínua e cumulativa do desempenho do aluno, com prevalência dos aspectos qualitativos sobre os quantitativos e dos resultados ao longo do período sobre os de eventuais provas finais;

b) possibilidade de aceleração de estudos para alunos com atraso escolar;

c) possibilidade de avanço nos cursos e nas séries mediante verificação do aprendizado;

d) aproveitamento de estudos concluídos com êxito;

e) obrigatoriedade de estudos de recuperação, de preferência paralelos ao período letivo, para os casos de baixo rendimento escolar, a serem disciplinados pelas instituições de ensino em seus regimentos;

VI - o controle de freqüência fica a cargo da escola, conforme o disposto no seu regimento e nas normas do respectivo sistema de ensino, exigida a freqüência mínima de setenta e cinco por cento do total de horas letivas para aprovação.

VII - cabe a cada instituição de ensino expedir históricos escolares, declarações de conclusão de série e diplomas ou certificados de conclusão dos cursos, com as especificações cabíveis.

Art. 25 - Será objetivo permanente das autoridades responsáveis alcançar relação adequada entre o número de alunos e o professor, a carga horária e as condições materiais do estabelecimento.

Parágrafo único. Cabe ao respectivo sistema de ensino, à vista das condições disponíveis e das características regionais e locais, estabelecer parâmetro para atendimento do disposto neste artigo.

Art. 26 - Os currículos do ensino fundamental e médio devem ter uma base nacional comum, a ser complementada, em cada sistema de ensino e estabelecimento escolar, por uma parte diversificada, exigida pelas características regionais e locais da sociedade, da cultura, da economia e da clientela.

§ 1º - Os currículos a que se refere o *caput* devem abranger, obrigatoriamente, o estudo da língua portuguesa e da matemática, o conhecimento do mundo físico e natural e da realidade social e política especialmente do Brasil.

§ 2º - O ensino da arte constituirá componente curricular obrigatório, nos diversos níveis da educação básica, de forma a promover o desenvolvimento cultural dos alunos.

§ 3º - A educação física, integrada à proposta pedagógica da escola, é componente curricular da Educação Básica, ajustando-se às faixas etárias e às condições da população escolar, sendo facultativa nos cursos noturnos.

§ 4º - O ensino da História do Brasil levará em conta as atribuições das diferenças culturais e etnias para a formação do povo brasileiro, especialmente das matrizes indígena, africana e européia.

§ 5º - Na parte diversificada do currículo será incluído, obrigatoriamente, a partir da quinta série, o ensino de pelo menos uma língua estrangeira moderna, cuja escolha ficará à cargo da comunidade escolar, dentro das possibilidades da instituição.

Art. 27 - Os conteúdos curriculares da educação básica observarão, ainda, as seguintes diretrizes:

I - a difusão de valores fundamentais ao interesse social, aos direitos e deveres dos cidadãos, de respeito ao bem comum e à ordem democrática;

II - consideração das condições de escolaridade dos alunos em cada estabelecimento;

III - orientação para o trabalho;

IV - promoção do desporto educacional e apoio às práticas desportivas não-formais.

Art. 28 - Na oferta de educação básica para a população rural, os sistemas de ensino promoverão as adaptações necessárias à sua adequação às peculiaridades da vida rural e de cada região, especialmente:

I - conteúdos curriculares e metodologias apropriadas às reais necessidades e interesses dos alunos da zona rural;

II - organização escolar própria, incluindo adequação do calendário escolar às fases do ciclo agrícola e às condições climáticas;

III - adequação à natureza do trabalho na zona rural.

Seção II
Da Educação Infantil

Art. 29 - A educação infantil, primeira etapa da educação básica, tem como finalidade o desenvolvimento integral da criança até seis anos de idade, em seus aspectos físico, psicológico, intelectual e social, complementando a ação da família e da comunidade.

Art. 30 - A educação infantil será oferecida em:

I - creches, ou entidades equivalentes, para crianças de até três anos de idade.

II - pré-escolas, para crianças de quatro a seis anos de idade.

Art. 31 - Na educação infantil a avaliação far-se-á mediante acompanhamento e registro do seu desenvolvimento, sem o objetivo de promoção, mesmo para o acesso ao ensino fundamental.

Seção III
Do Ensino Fundamental

Art. 32 - O ensino fundamental, com duração mínima de oito anos, obrigatório e gratuito na escola pública, terá por objetivo a formação básica do cidadão mediante:

I - o desenvolvimento da capacidade de aprender, tendo como meios básicos o pleno domínio da leitura, da escrita e do cálculo.

II - a compreensão do ambiente natural e social, do sistema político, da tecnologia, das artes e dos valores em que se fundamenta a sociedade.

III - o desenvolvimento da capacidade de aprendizagem, tendo em vista a aquisição de conhecimento e habilidades e a formação de atitudes e valores.

IV - o fortalecimento dos vínculos de família, dos laços de solidariedade humana e de tolerância recíproca em que se assenta a vida social.

§ 1º - É facultado aos sistemas de ensino desdobrar o ensino fundamental em ciclos.

§ 2º - Os estabelecimentos que utilizam progressão regular por série podem adotar no ensino fundamental o regime de progressão continuada, sem prejuízo da avaliação do processo de ensino-aprendizagem, observadas as normas do respectivo sistema de ensino.

§ 3º - O ensino fundamental regular será ministrado em língua portuguesa, assegurada às comunidades indígenas a utilização de suas línguas maternas e processos próprios de aprendizagem.

§ 4º - O ensino fundamental será presencial, sendo o ensino a distância utilizado como complementação da aprendizagem ou em situações emergenciais.

Art. 33* - O ensino religioso, de matrícula facultativa, é parte integrante da formação básica do cidadão e constitui disciplina dos horários normais das escolas públicas de ensino fundamental, assegurado o respeito à diversidade cultural religiosa do Brasil, vedadas quaisquer formas de proselitismo.

§ 1º - Os sistemas de ensino regulamentarão os procedimentos para a definição dos conteúdos do ensino religioso e estabelecerão as normas para a habilitação e admissão dos professores.

§ 2º - Os sistemas de ensino ouvirão entidade civil, constituída pelas diferentes denominações religiosas, para a definição dos conteúdos do ensino religioso.

Art. 34 - A jornada escolar no ensino fundamental incluirá pelo menos quatro horas de trabalho efetivo em sala de aula, sendo progressivamente ampliado o período de permanência na escola.

§ 1º - São ressalvados os casos do ensino noturno e das formas alternativas de organização autorizadas nesta Lei.

§ 2º - O ensino fundamental será ministrado progressivamente em tempo integral, a critério dos sistemas de ensino.

Seção IV
Do Ensino Médio

Art. 35 - O ensino médio, etapa final da educação básica, com duração mínima de três anos, terá como finalidades:

I - a consolidação e o aprofundamento dos conhecimentos adquiridos no ensino fundamental, possibilitando o prosseguimento de estudos;

II - a preparação básica para o trabalho e a cidadania do educando, para continuar aprendendo, de modo a ser capaz de se adaptar

---

*Nova redação dada ao artigo 33 pela Lei nº 9.475, de 22 de julho de 1997, publicada a 23/7/97.

com flexibilidade a novas condições de ocupação ou aperfeiçoamento posteriores;

III - o aprimoramento do educando como pessoa humana, incluindo a formação ética e o desenvolvimento da autonomia intelectual e do pensamento crítico;

IV - a compreensão dos fundamentos científico-tecnológicos dos processos produtivos, relacionando a teoria com a prática, no ensino de cada disciplina.

Art. 36 - O currículo do ensino médio observará o disposto na Seção I deste Capítulo e as seguintes diretrizes:

I - destacará a educação tecnológica básica, a compreensão do significado da ciência, das letras e das artes; o processo histórico de transformação da sociedade e da cultura; a língua portuguesa como instrumento de comunicação, acesso ao conhecimento e exercício da cidadania;

II - adotará metodologias de ensino e de avaliação que estimulem a iniciativa dos estudantes;

III - será incluída uma língua estrangeira moderna, como disciplina obrigatória, escolhida pela comunidade escolar, e uma segunda, em caráter optativo, dentro das disponibilidades da instituição;

§ 1º - Os conteúdos, as metodologias e as formas de avaliação serão organizados de tal forma que ao final do ensino médio o educando demonstre:

I - domínio dos princípios científicos e tecnológicos que presidem a produção moderna;

II - conhecimento das formas contemporâneas de linguagem;

III - domínio dos conhecimentos de Filosofia e de Sociologia necessários ao exercício da cidadania.

§ 2º - O ensino médio, atendida a formação geral do educando, poderá prepará-lo para o exercício de profissões técnicas.

§ 3º - Os cursos do ensino médio terão equivalência legal e habilitarão ao prosseguimento de estudos.

§ 4º - A preparação geral para o trabalho e, facultativamente, a habilitação profissional, poderão ser desenvolvidas nos próprios estabelecimentos de ensino médio ou em cooperação com instituições especializadas em educação profissional.

Seção V
Da Educação de Jovens e Adultos

Art. 37 - A educação de jovens e adultos será destinada àqueles que não tiveram acesso ou continuidade de estudos no ensino fundamental e médio na idade própria.

§ 1º - Os sistemas de ensino assegurarão gratuitamente aos jovens e aos adultos, que não puderam efetuar os estudos na idade regular, oportunidades educacionais apropriadas, consideradas as características do aluno, seus interesses, condições de vida e de trabalho, mediante cursos e exames.

§ 2º - O Poder Público viabilizará e estimulará o acesso e a permanência do trabalhador na escola, mediante ações integradas e complementares entre si.

Art. 38 - Os sistemas de ensino manterão cursos e exames supletivos, que compreenderão a base nacional comum do currículo, habilitando ao prosseguimento de estudos em caráter regular.

§ 1º - Os exames a que se refere este artigo realizar-se-ão:

I - no nível de conclusão do ensino fundamental, para os maiores de quinze anos.

II - no nível de conclusão do ensino médio, para os maiores de dezoito anos.

§ 2º - Os conhecimentos e habilidades adquiridos pelos educandos por meios informais serão aferidos e reconhecidos mediante exames.

CAPÍTULO III
Da Educação Profissional

Art. 39 - A educação profissional, integrada às diferentes formas de educação, ao trabalho, à ciência e à tecnologia, conduz ao permanente desenvolvimento de aptidões para a vida produtiva.

Parágrafo único. O aluno matriculado ou egresso do ensino fundamental, médio e superior, bem como o trabalhador em geral, jovem ou adulto, contará com a possibilidade de acesso à educação profissional.

Art. 40 - A educação profissional será desenvolvida em articulação com o ensino regular ou por diferentes estratégias de educação continuada, em instituições especializadas ou no ambiente de trabalho.

Art. 41 - O conhecimento adquirido na educação profissional, inclusive no trabalho, poderá ser objeto de avaliação, reconhecimento e certificação para prosseguimento ou conclusão de estudos.

Parágrafo único. Os diplomas de cursos de educação profissional de nível médio, quando registrados, terão validade nacional.

Art. 42 - As escolas técnicas e profissionais, além dos seus cursos regulares, oferecerão cursos especiais, abertos à comunidade, condicionada a matrícula à capacidade de aproveitamento e não necessariamente ao nível de escolaridade.

CAPÍTULO IV
Da Educação Superior

Art. 43 - A educação superior tem por finalidade:

I - estimular a criação cultural e o desenvolvimento do espírito científico e do pensamento reflexivo;

II - formar diplomados nas diferentes áreas de conhecimento, aptos para a inserção em setores profissionais e para a participação no desenvolvimento da sociedade brasileira, e colaborar na sua formação contínua;

III - incentivar o trabalho de pesquisa e investigação científica, visando ao desenvolvimento da ciência e da tecnologia e da criação e difusão da cultura, e, desse modo, desenvolver o entendimento do homem e do meio em que vive;

IV - promover a divulgação de conhecimentos culturais, científicos e técnicos que constituem patrimônio da humanidade e comunicar o saber através do ensino, de publicações ou de outras formas de comunicação;

V - suscitar o desejo permanente de aperfeiçoamento cultural e profissional e possibilitar a correspondente concretização, integrando os conhecimentos que vão sendo adquiridos numa estrutura intelectual sistematizadora do conhecimento de cada geração;

VI - estimular o conhecimento dos problemas do mundo presente, em particular os nacionais e regionais, prestar serviços especializados à comunidade e estabelecer com esta uma relação de reciprocidade;

VII - promover a extensão, aberta à participação da população, visando à difusão das conquistas e benefícios resultantes da criação cultural e da pesquisa científica e tecnológica gerada na instituição.

Art. 44 - A educação superior abrangerá os seguintes cursos e programas:

I - cursos seqüenciais por campo de saber, de diferentes níveis de abrangência, abertos a candidatos que atendam aos requisitos estabelecidos pelas instituições de ensino;

II - de graduação, abertos a candidatos que tenham concluído o ensino médio ou equivalente e tenham sido classificados em processo seletivo;

III - de pós-graduação, compreendendo programas de mestrado e doutorado, cursos de especialização, aperfeiçoamento e outros, abertos a candidatos diplomados em cursos de graduação e que atendam às exigências das instituições de ensino;

IV - de extensão, abertos a candidatos que atendam aos requisitos estabelecidos em cada caso pelas instituições de ensino.

Art. 45 - A educação superior será ministrada em instituições de ensino superior, públicas ou privadas, com variados graus de abrangência ou especialização.

Art. 46 - Autorização e o reconhecimento de cursos, bem como o credenciamento de instituições de educação superior, terão prazos limitados, sendo renovados, periodicamente, após processo regular de avaliação.

§ 1º - Após um prazo para saneamento de deficiências eventualmente identificadas pela avaliação a que se refere este artigo, haverá reavaliação, que poderá resultar, conforme o caso, em desativação de cursos e habilitações, em intervenção na instituição, em suspensão temporária de prerrogativas da autonomia, ou em descredenciamento.

§ 2º - No caso de instituição pública, o Poder Executivo responsável por sua manutenção acompanhará o processo de saneamento e fornecerá recursos adicionais, se necessários, para a suspensão das deficiências.

Art. 47 - Na educação superior, o ano letivo regular, independente do ano civil, tem, no mínimo, duzentos dias de trabalho acadêmico efetivo, excluído o tempo reservado aos exames finais, quando houver.

§ 1º - As instituições informarão aos interessados, antes de cada período letivo, os programas dos cursos e demais componentes curriculares, sua duração, requisitos, qualificação dos professores, recursos disponíveis e critérios de avaliação, obrigando-se a cumprir as respectivas condições.

§ 2º - Os alunos que tenham extraordinário aproveitamento nos estudos, demonstrado por meio de provas e outros instrumentos de avaliação específicos, aplicados por banca examinadora especial, poderão ter abreviada a duração dos seus cursos, de acordo com as normas dos sistemas de ensino.

§ 3º - É obrigatória a freqüência de alunos e professores, salvo nos programas de educação a distância.

§ 4º - As instituições de educação superior oferecerão, no período noturno, cursos de graduação nos mesmos padrões de qualidade mantidos no período diurno, sendo obrigatória a oferta noturna nas instituições públicas, garantida a necessária previsão orçamentária.

Art. 48 - Os diplomas de cursos superiores reconhecidos, quando registrados, terão validade nacional como prova da formação recebida por seu titular.

§ 1º - Os diplomas expedidos pelas universidades serão por elas próprias registrados, e aqueles conferidos por instituições não-universitárias serão registrados em universidades indicadas pelo Conselho Nacional de Educação.

§ 2º - Os diplomas de graduação expedidos por universidades estrangeiras serão revalidados por universidades públicas que tenham curso do mesmo nível e área ou equivalente, respeitando-se os acordos internacionais de reciprocidade ou equiparação.

§ 3º - Os diplomas de Mestrado e de Doutorado expedidos por universidades estrangeiras só poderão ser reconhecidos por universidades que possuam cursos de pós-graduação reconhecidos e avaliados, na mesma área de conhecimento e em nível equivalente ou superior.

Art. 49 - As instituições de educação superior aceitarão a transferência de alunos regulares, para cursos afins, na hipótese de existência de vagas, e mediante processo seletivo.

Parágrafo único. As transferências *ex officio* dar-se-ão na forma da lei.

Art. 50 - As instituições de educação superior, quando da ocorrência de vagas, abrirão matrícula nas disciplinas de seus cursos a alunos não regulares que demonstrarem capacidade de cursá-las com proveito, mediante processo seletivo prévio.

Art. 51 - As instituições de educação superior credenciadas como universidades, ao deliberar sobre critérios e normas de seleção e admissão de estudantes, levarão em conta os efeitos desses critérios sobre a orientação do ensino médio, articulando-se com os órgãos normativos dos sistemas de ensino.

Art. 52 - As universidades são instituições pluridisciplinares de formação dos quadros profissionais de nível superior, de pesquisa, de extensão e de domínio e cultivo do saber humano, que se caracterizam por:

I - produção intelectual institucionalizada mediante o estudo sistemático dos temas e problemas mais relevantes, tanto do ponto de vista científico e cultural quanto regional e nacional.

II - um terço do corpo docente, pelo menos, com titulação acadêmica de mestrado ou doutorado.

III - um terço do corpo docente em regime de tempo integral.

Parágrafo único. É facultada a criação de universidades especializadas por campo do saber.

Art. 53 - No exercício de sua autonomia, são asseguradas às universidades, sem prejuízo de outras, as seguintes atribuições:

I - criar, organizar e extinguir, em sua sede, cursos e programas de educação superior previstos nesta Lei, obedecendo às normas gerais da União e, quando for o caso, do respectivo sistema de ensino;

II - fixar os currículos dos seus cursos e programas, observadas as diretrizes gerais pertinentes;

III - estabelecer planos, programas e projetos de pesquisa científica, produção artística e atividades de extensão;

IV - fixar o número de vagas de acordo com a capacidade institucional e as exigências do seu meio;

V - elaborar e reformar os seus estatutos e regimentos em consonância com as normas gerais atinentes;

VI - conferir graus, diplomas e outros títulos;

VII - firmar contratos, acordos e convênios;

VIII - aprovar e executar planos, programas e projetos de investimentos referentes a obras, serviços e aquisições em geral, bem como administrar rendimentos conforme dispositivos institucionais;

IX - administrar os rendimentos e deles dispor na forma prevista no ato de constituição, nas leis e nos respectivos estatutos.

X - receber subvenções, doações, heranças, legados e cooperação financeira resultante de convênios com entidades públicas e privadas.

Parágrafo único. Para garantir a autonomia didático-científica das universidades, caberá aos seus colegiados de ensino e pesquisa decidir, dentro dos recursos orçamentários disponíveis, sobre:

I - criação, expansão, modificação e extinção de cursos;

II - ampliação e diminuição de vagas;

III - elaboração da programação dos cursos;

IV - programação das pesquisas e das atividades de extensão;

V - contratação e dispensa de professores;

VI - planos de carreira docente.

Art. 54 - As universidades mantidas pelo Poder Público gozarão, na forma da lei, de estatuto jurídico especial para atender às peculiaridades de sua estrutura, organização e financiamento pelo Poder Público, assim como dos seus planos de carreira e do regime jurídico do seu pessoal.

§ 1º - No exercício da sua autonomia, além das atribuições asseguradas pelo artigo anterior, as universidades públicas poderão:

I - propor o seu quadro de pessoal docente, técnico e administrativo, assim como um plano de cargos e salários, atendidas as normas gerais pertinentes e os recursos disponíveis;

II - elaborar o regulamento de seu pessoal em conformidade com as normas gerais concernentes;

III - aprovar e executar planos, programas e projetos de investimentos referentes a obras, serviços e aquisições em geral, de acordo com os recursos alocados pelo respectivo Poder mantenedor;

IV - elaborar seus orçamentos anuais e plurianuais;

V - adotar regime financeiro e contábil que atenda às suas peculiaridades de organização e funcionamento;

VI - realizar operações de crédito ou de financiamento, com aprovação do Poder competente, para aquisição de bens imóveis, instalações e equipamentos;

VII - efetuar transferências, quitações e tomar outras providências de ordem orçamentária, financeira e patrimonial necessárias ao seu bom desempenho.

§ 2º - Atribuições de autonomia universitária poderão ser estendidas a instituições que comprovem alta qualificação para o ensino ou para a pesquisa, com base em avaliação realizada pelo Poder Público.

Art. 55 - Caberá à União assegurar, anualmente, em seu Orçamento Geral, recursos suficientes para manutenção e desenvolvimento das instituições de educação superior por ela mantidas.

Art. 56 - As instituições públicas de educação superior obedecerão ao princípio da gestão democrática, assegurada a existência de órgãos colegiados deliberativos, de que participarão os segmentos da comunidade institucional, local e regional.

Parágrafo único. Em qualquer caso, os docentes ocuparão setenta por cento dos assentos em cada órgão colegiado e comissão, inclusive nos que tratarem da elaboração e modificações estatutárias e regimentais, bem como da escolha de dirigentes.

Art. 57 - Nas instituições públicas de educação superior, o professor ficará obrigado ao mínimo de oito horas semanais de aulas.

CAPÍTULO V
Da Educação Especial

Art. 58 - Entende-se por educação especial, para os efeitos desta

Lei, a modalidade de educação escolar, oferecida preferencialmente na rede regular de ensino, para educandos portadores de necessidades especiais.

§ 1º - Haverá, quando necessário, serviços de apoio especializado, na escola regular, para atender às peculiaridades da clientela de educação especial.

§ 2º - O atendimento educacional será feito em classes, escolas ou serviços especializados, sempre que, em função das condições específicas dos alunos, não for possível a sua integração nas classes comuns de ensino regular.

§ 3º - A oferta de educação especial, dever constitucional do Estado, tem início na faixa etária de zero a seis anos, durante a educação infantil.

Art. 59 - Os sistemas de ensino assegurarão aos educandos com necessidades especiais:

I - currículos, métodos, técnicas, recursos educativos e organização específicos, para atender às suas necessidades;

II - terminalidade específica para aqueles que não puderem atingir o nível exigido para a conclusão do ensino fundamental, em virtude de suas deficiências, a aceleração para concluir em menor tempo o programa escolar para os superdotados;

III - professores com especialização adequada em nível médio ou superior, para atendimento especializado, bem como professores do ensino regular capacitados para a integração desses educandos nas classes comuns;

IV - educação especial para o trabalho, visando à sua efetiva integração na vida em sociedade, inclusive condições adequadas para os que não revelarem capacidade de inserção no trabalho competitivo, mediante articulação com os órgãos oficiais afins, bem como para aqueles que apresentam uma habilidade superior nas áreas artística, intelectual ou psicomotora;

V - acesso igualitário aos benefícios dos programas sociais suplementares disponíveis para o respectivo nível do ensino regular.

Art. 60 - Os órgãos normativos dos sistemas de ensino estabelecerão critérios de caracterização das instituições privadas sem fins lucrativos, especializadas e com atuação exclusiva em educação especial, para fins de apoio técnico e financeiro pelo Poder Público.

Parágrafo único. O Poder Público adotará, como alternativa preferencial, a ampliação do atendimento aos educandos com necessidades especiais na própria rede pública regular de ensino, independentemente do apoio às instituições previstas neste artigo.

TÍTULO VI
Dos Profissionais da Educação

Art. 61 - A formação de profissionais da educação, de modo a atender aos objetivos dos diferentes níveis e modalidades de ensino e às características de cada fase do desenvolvimento do educando, terá como fundamentos:

I - a associação entre teorias e práticas, inclusive mediante a capacitação em serviço.

II - aproveitamento da formação e experiências anteriores em instituições de ensino e outras atividades.

Art. 62 - A formação de docentes para atuar na educação básica far-se-á em nível superior, em curso de licenciatura, de graduação plena, em universidades e institutos superiores de educação, admitida, como formação mínima para o exercício do magistério na educação infantil e nas quatro primeiras séries do ensino fundamental, a oferecida em nível médio, na modalidade Normal.

Art. 63 - Os institutos superiores de educação manterão:

I - cursos formadores de profissionais para a educação básica, inclusive o curso normal superior, destinado à formação de docentes para a educação infantil e para as primeiras séries do ensino fundamental;

II - programas de formação pedagógica para portadores de

diplomas de educação superior que queiram se dedicar à educação básica;

III - programas de educação continuada para os profissionais de educação dos diversos níveis.

Art. 64 - A formação de profissionais de educação para administração, planejamento, inspeção, supervisão e orientação educacional para a educação básica, será feita em cursos de graduação em pedagogia ou em nível de pós-graduação, a critério da instituição de ensino, garantida, nesta formação, a base comum nacional.

Art. 65 - A formação docente, exceto para a educação superior, incluirá prática de ensino de, no mínimo, trezentas horas.

Art. 66 - A preparação para o exercício do magistério superior far-se-á em nível de pós-graduação, prioritariamente em programas de mestrado e doutorado.

Parágrafo único. O notório saber, reconhecido por universidade com curso de doutorado em área afim, poderá suprir a exigência de título acadêmico.

Art. 67 - Os sistemas de ensino promoverão a valorização dos profissionais da educação, assegurando-lhes, inclusive nos termos dos estatutos e dos planos de carreira do magistério público:

I - ingresso exclusivamente por concurso público de provas e títulos;

II - aperfeiçoamento profissional continuado, inclusive com licenciamento periódico remunerado para esse fim;

III - piso salarial profissional;

IV - progressão funcional baseada na titulação ou habilitação, e na avaliação do desempenho;

V - período reservado a estudos, planejamento e avaliação, incluído na carga de trabalho;

VI - condições adequadas de trabalho.

Parágrafo único. A experiência docente é pré-requisito para o exercício profissional de quaisquer outras funções de magistério, nos termos das normas de cada sistema de ensino.

TÍTULO VII
Dos Recursos Financeiros

Art. 68 - Serão recursos públicos destinados à educação os originários de:

I - receita de impostos próprios da União, dos Estados, do Distrito Federal e dos Municípios;
II - receita de transferências constitucionais e outras transferências;
III - receita do salário-educação e de outras contribuições sociais;
IV - receita de incentivos fiscais;
V - outros recursos previstos em lei.

Art. 69 - A União aplicará, anualmente, nunca menos de dezoito, e os Estados, o Distrito Federal e os Municípios, vinte e cinco por cento, ou o que consta nas respectivas Constituições ou Leis Orgânicas, da receita resultante de impostos, compreendidas as transferências constitucionais, na manutenção e desenvolvimento do ensino público.

§ 1º - A parcela de arrecadação de impostos transferida pela União aos Estados, ao Distrito Federal e aos Municípios, ou pelos Estados aos respectivos Municípios, não será considerada, para efeito do cálculo previsto neste artigo, receita do governo que a transferir.

§ 2º - Serão consideradas excluídas das receitas de impostos mencionadas neste artigo as operações de crédito por antecipação de receita orçamentária de impostos.

§ 3º - Para fixação inicial dos valores correspondentes aos mínimos estatuídos neste artigo, será considerada a receita estimada na lei do orçamento anual, ajustada, quando for o caso, por lei que autorizar a abertura de créditos adicionais, com base no eventual excesso de arrecadação.

§ 4º - As diferenças entre a receita e a despesa previstas e as efetivamente realizadas, que resultem no não atendimento dos percentuais mínimos obrigatórios, serão apuradas e corrigidas a cada trimestre do exercício financeiro.

§ 5º - O repasse dos valores referidos neste artigo do caixa da União, dos Estados, do Distrito Federal e dos Municípios ocorrerá imediatamente ao órgão responsável pela educação, observados os seguintes prazos:

I - recursos arrecadados do primeiro ao décimo dia de cada mês, até o vigésimo dia;

II - recursos arrecadados do décimo primeiro ao vigésimo dia de cada mês, até o trigésimo dia;

III - recursos arrecadados do vigésimo primeiro dia ao final de cada mês, até o décimo dia do mês subseqüente.

§ 6º - O atraso da liberação sujeitará os recursos à correção monetária e à responsabilização civil e criminal das autoridades competentes.

Art. 70 - Considerar-se-ão como de manutenção e desenvolvimento do ensino as despesas realizadas com vistas à consecução dos objetivos básicos das instituições educacionais de todos os níveis, compreendendo as que se destinam a:

I - remuneração e aperfeiçoamento do pessoal docente e demais profissionais da educação;

II - aquisição, manutenção, construção e conservação de instalações e equipamentos necessários ao ensino;

III - uso e manutenção de bens e serviços vinculados ao ensino;

IV - levantamentos estatísticos, estudos e pesquisas visando precipuamente ao aprimoramento da qualidade e à expansão do ensino;

V - realização de atividades-meio necessárias ao funcionamento dos sistemas de ensino;

VI - concessão de bolsas de estudo a alunos de escolas públicas e privadas;

VII - amortização e custeio de operações de crédito destinadas a atender ao disposto nos incisos deste artigo;
VIII - aquisição de material didático-escolar e manutenção de programas de transporte escolar.

Art. 71 - Não constituirão despesas de manutenção e desenvolvimento do ensino aquelas realizadas com:
I - pesquisa, quando não vinculada às instituições de ensino, ou, quando efetivada fora dos sistemas de ensino, que não vise, precipuamente, ao aprimoramento de sua qualidade ou à sua expansão;
II - subvenção a instituições públicas ou privadas de caráter assistencial, desportivo ou cultural;
III - formação de quadros especiais para a Administração Pública, sejam militares ou civis, inclusive diplomáticos;
IV - programas suplementares de alimentação, assistência médico-odontológica, farmacêutica e psicológica, e outras formas de assistência social;
V - obras de infra-estrutura, ainda que realizadas para beneficiar direta ou indiretamente a rede escolar;
VI - pessoal docente e demais trabalhadores da educação, quando em desvio de função ou em atividade alheia à manutenção e desenvolvimento do ensino.

Art. 72 - As receitas e despesas com manutenção e desenvolvimento do ensino serão apuradas e publicadas nos balanços do Poder Público, assim como nos relatórios a que se refere o § 3º do art. 165 da Constituição Federal.

Art. 73 - Os órgãos fiscalizadores examinarão, prioritariamente, na prestação de contas de recursos públicos, o cumprimento do disposto no art. 212 da Constituição Federal, no art. 60 do Ato das Disposições Constitucionais Transitórias e na legislação concernente.

Art. 74 - A União, em colaboração com os Estados, o Distrito Federal e os Municípios, estabelecerá padrão mínimo de oportunidades educacionais para o ensino fundamental, baseado no cálculo do custo mínimo por aluno, capaz de assegurar ensino de qualidade.

Parágrafo único. O custo mínimo de que trata este artigo será calculado pela União ao final de cada ano, com validade para o ano subseqüente, considerando variações regionais no curso dos insumos e as diversas modalidades de ensino.

Art. 75 - A ação supletiva e redistributiva da União e dos Estados será exercida de modo a corrigir, progressivamente, as disparidades de acesso e garantir o padrão mínimo de qualidade de ensino.

§ 1º - A ação a que se refere este artigo obedecerá a fórmula de domínio público que inclua a capacidade de atendimento e a medida do esforço fiscal do respectivo Estado, do Distrito Federal ou do Município em favor da manutenção e do desenvolvimento do ensino.

§ 2º - A capacidade de atendimento de cada governo será definida pela razão entre os recursos de uso constitucionalmente obrigatório na manutenção e desenvolvimento do ensino e o custo anual do aluno, relativo ao padrão mínimo de qualidade.

§ 3º - Com base nos critérios estabelecidos nos §§ 1º e 2º, a União poderá fazer a transferência direta de recursos a cada estabelecimento de ensino, considerado o número de alunos que efetivamente freqüentam a escola.

§ 4º - A ação supletiva e redistributiva não poderá ser exercida em favor do Distrito Federal, dos Estados e dos Municípios se esses oferecerem vagas, na área de ensino de sua responsabilidade, conforme o inciso VI do art. 10 e o inciso V do art. 11 desta Lei, em número inferior à sua capacidade de atendimento.

Art. 76 - A ação supletiva e redistributiva prevista no artigo anterior ficará condicionada ao efetivo cumprimento pelos Estados, Distrito Federal e Municípios do disposto nesta Lei, sem prejuízo de outras prescrições legais.

Art. 77 - Os recursos públicos serão destinados às escolas públicas, podendo ser dirigidos a escolas comunitárias, confessionais ou filantrópicas que:

I - comprovem finalidade não-lucrativa e não distribuam resultados, dividendos, bonificações, participações ou parcela de seu patrimônio sob nenhuma forma ou pretexto;

II - apliquem seus excedentes financeiros em educação;

III - assegurem a destinação de seu patrimônio a outra escola comunitária, filantrópica ou confessional, ou ao Poder Público, no caso de encerramento de suas atividades;

IV - prestem contas ao Poder Público dos recursos recebidos.

§ 1º - Os recursos de que trata este artigo poderão ser destinados a bolsas de estudo para a educação básica, na forma da lei, para os que demonstrarem insuficiência de recursos, quando houver falta de vagas e cursos regulares da rede pública de domicílio do educando, ficando o Poder Público obrigado a investir prioritariamente na expansão da sua rede local.

§ 2º - As atividades universitárias de pesquisa e extensão poderão receber apoio financeiro do Poder Público, inclusive mediante bolsas de estudo.

TÍTULO VIII
Das Disposições Gerais

Art. 78 - O Sistema de Ensino da União, com a colaboração das agências federais de fomento à cultura e de assistência aos índios, desenvolverá programas integrados de ensino e pesquisa, para oferta de educação escolar bilíngüe e intercultural aos povos indígenas, com os seguintes objetivos:

I - proporcionar aos índios, suas comunidades e povos, a recuperação de suas memórias históricas; a reafirmação de suas identidades étnicas; a valorização de suas línguas e ciências;

II - garantir aos índios, suas comunidades e povos, o acesso às informações, conhecimentos técnicos e científicos da sociedade nacional e demais sociedades indígenas e não-indígenas.

Art. 79 - A União apoiará técnica e financeiramente os sistemas de ensino no provimento da educação intercultural às comunidades indígenas, desenvolvendo programas integrados de ensino e pesquisa.

§ 1º - Os programas serão planejados com audiência das comunidades indígenas.

§ 2º - Os programas a que se refere este artigo, incluído nos Planos Nacionais de Educação, terão os seguintes objetivos:

I - fortalecer as práticas sócio-culturais e a língua materna de cada comunidade indígena;

II - manter programas de formação de pessoal especializado, destinado à educação escolar nas comunidades indígenas;

III - desenvolver currículos e programas específicos, neles incluindo os conteúdos culturais correspondentes às respectivas comunidades.

IV - elaborar e publicar sistematicamente material didático específico e diferenciado.

Art. 80 - O Poder Público incentivará o desenvolvimento e a veiculação de programas de ensino a distância, em todos os níveis e modalidades de ensino, e de educação continuada.

§ 1º - A educação a distância, organizada com abertura e regime especiais, será oferecida por instituições especificamente credenciadas pela União.

§ 2º - A União regulamentará os requisitos para a realização de exames especiais e registro de diplomas relativos a cursos de educação a distância.

§ 3º - As normas para a produção, controle e avaliação de programas de educação a distância e a autorização para sua implementação, caberão aos respectivos sistemas de ensino, podendo haver cooperação e integração entre os diferentes sistemas.

§ 4º - A educação a distância gozará de tratamento diferenciado, que incluirá:

I - custos de transmissão reduzidos em canais comerciais de radiodifusão sonora e de sons e imagens;

II - concessão de canais com finalidades exclusivamente educativas;

III - reserva de tempo mínimo, sem ônus para o Poder Público, pelos concessionários de canais comerciais.

Art. 81 - É permitida a organização de cursos ou instituições de ensino experimentais, desde que obedecidas as disposições desta Lei.

Art. 82 - Os sistemas de ensino estabelecerão as normas para a realização dos estágios dos alunos regularmente matriculados no ensino médio ou superior em sua jurisdição.

Parágrafo único. O estágio realizado nas condições deste artigo não estabelece vínculo empregatício, podendo o estagiário receber bolsa de estágio, estar segurado contra acidentes e ter a cobertura previdenciária prevista na legislação específica.

Art. 83 - O ensino militar é regulado em lei específica, admitida a equivalência de estudos, de acordo com as normas fixadas pelos sistemas de ensino.

Art. 84 - Os discentes da educação superior poderão ser aproveitados em tarefas de ensino e pesquisa pelas respectivas instituições, exercendo funções de monitoria, de acordo com seu rendimento e seu plano de estudos.

Art. 85 - Qualquer cidadão habilitado com a titulação própria poderá exigir a abertura de concurso público de provas e títulos para cargo de docente de instituição pública de ensino que estiver sendo ocupado por professor não concursado, por mais de seis anos, ressalvados os direitos assegurados pelos arts. 41 da Constituição Federal e 19 do Ato das Disposições Constitucionais Transitórias.

Art. 86 - As instituições de educação superior constituídas como universidades integrar-se-ão, também, na sua condição de instituições de pesquisa, ao Sistema Nacional de Ciência e Tecnologia, nos termos da legislação específica.

TÍTULO IX
Das Disposições Transitórias

Art. 87 - É instituída a Década da Educação, a iniciar-se um ano a partir da publicação desta Lei.

§ 1º - A União, no prazo de um ano a partir da publicação desta Lei, encaminhará, ao Congresso Nacional, o Plano Nacional de Educação, com diretrizes e metas para os dez anos seguintes, em sintonia com a Declaração Mundial sobre Educação para Todos.

§ 2º - O Poder Público deverá recensear os educandos no ensino fundamental, com especial atenção para os grupos de sete a quatorze e de quinze a dezesseis anos de idade.

§ 3º - Cada Município e, supletivamente, o Estado e a União, deverá:

I - matricular todos os educandos a partir dos sete anos de idade e, facultativamente, a partir dos seis anos, no ensino fundamental;

II - prover cursos presenciais ou a distância aos jovens e adultos insuficientemente escolarizados;

III - realizar programas de capacitação para todos os professores em exercício, utilizando também, para isto, os recursos da educação a distância;

IV - integrar todos os estabelecimentos de ensino fundamental do seu território ao sistema nacional de avaliação do rendimento escolar.

§ 4º - Até o fim da Década da Educação somente serão admitidos professores habilitados em nível superior ou formados por treinamento em serviço.

§ 5º - Serão conjugados todos os esforços objetivando a progressão das redes escolares públicas urbanas de ensino fundamental para o regime de escolas de tempo integral.

§ 6º - A assistência financeira da União aos Estados, ao Distrito Federal e aos Municípios, bem como a dos Estados aos seus Municípios, ficam condicionadas ao cumprimento do art. 212 da Constituição Federal e dispositivos legais pertinentes pelos governos beneficiados.

Art. 88 - A União, os Estados, o Distrito Federal e os Municípios adaptarão sua legislação educacional e de ensino às disposições desta Lei no prazo máximo de um ano, a partir da data de sua publicação.

§ 1º - As instituições educacionais adaptarão seus estatutos e regimentos aos dispositivos desta Lei e às normas dos respectivos sistemas de ensino, nos prazos por estes estabelecidos.

§ 2º - O prazo para que as universidades cumpram o dispositivo nos incisos II e III do art. 52 é de oito anos.

Art. 89 - As creches e pré-escolas existentes ou que venham a ser criadas deverão, no prazo de três anos, a contar da publicação desta Lei, integrar-se ao respectivo sistema de ensino.

Art. 90 - As questões suscitadas na transição entre o regime anterior e o que se institui nesta Lei serão resolvidas pelo Conselho Nacional de Educação ou, mediante delegação deste, pelos órgãos normativos dos sistemas de ensino, preservada a autonomia universitária.

Art. 91 - Esta Lei entra em vigor na data de sua publicação.

Art. 92 - Revogam-se as disposições das Leis nºs 4.024, de 20 de dezembro de 1961, e 5.540, de 28 de novembro de 1968, não alteradas pelas Leis nºs 9.131, de 24 de novembro de 1995 e 9.192, de 21 de dezembro de 1995 e, ainda, as Leis nºs 5.692, de 11 de agosto de 1971 e 7.044, de 18 de outubro de 1982, e as demais leis e decretos-lei que as modificaram e quaisquer outras disposições em contrário.

Brasília, 20 de dezembro de 1996;
175º da Independência e 108º da República.
Fernando Henrique Cardoso
Paulo Renato Souza

ANEXO 5

LEI Nº 9.424, DE 24 DE DEZEMBRO DE 1996

Dispõe sobre o Fundo de Manutenção e Desenvolvimento do Ensino Fundamental e de Valorização do Magistério, na forma prevista no art. 60, § 7º do Ato das Disposições Constitucionais Transitórias, e dá outras providências.

O PRESIDENTE DA REPÚBLICA

Faço saber que o Congresso Nacional decreta e eu sanciono a seguinte Lei:

Art. 1º - É instituído, no âmbito de cada Estado e do Distrito Federal, o Fundo de Manutenção e Desenvolvimento do Ensino Fundamental e de Valorização do Magistério, o qual terá natureza contábil e será implantado, automaticamente, a partir de 1º de janeiro de 1998.

§ 1º - O Fundo referido neste artigo será composto por 15% (quinze por cento) dos recursos.

I - da parcela do imposto sobre operações relativas à circulação de mercadorias e sobre prestações de serviços de transporte interestadual e intermunicipal e de comunicação - ICMS, devida ao Distrito Federal, aos Estados e aos Municípios, conforme dispõe o art. 155, inciso II, combinado com o art. 158, inciso IV, da Constituição Federal;

II - do Fundo de Participação dos Estados e do Distrito Federal - FPE e dos Municípios - FPM, previsto no art. 159, inciso I, alíneas "a" e "b", da Constituição Federal e no Sistema Tributário Nacional de que trata a Lei nº 5.172, de 25 de outubro de 1966; e

III - da parcela do Imposto sobre Produtos Industrializados - IPI, devida aos Estados e ao Distrito Federal, na forma do art. 159, inciso II, da Constituição Federal e da Lei Complementar nº 61, de 26 de dezembro de 1989.

§ 2º - Inclui-se na base de cálculo do valor a que se refere o inciso I do parágrafo anterior o montante de recursos financeiros transferidos, em moeda, pela União aos Estados, Distrito Federal e Municípios a título de compensação financeira pela perda de receitas decorrentes da desoneração das exportações, nos termos da Lei Complementar nº 87, de 13 de setembro de 1996, bem como de outras compensações da mesma natureza que vierem a ser instituídas.

§ 3º - Integra os recursos do Fundo a que se refere este artigo a complementação da União, quando for o caso, na forma prevista no art. 6º.

§ 4º - A implantação do Fundo poderá ser antecipada em relação à data prevista neste artigo, mediante lei no âmbito de cada Estado e do Distrito Federal.

§ 5º - No exercício de 1997, a União dará prioridade, para concessão de assistência financeira, na forma prevista no art. 211, § 1º, da Constituição Federal, aos Estados, ao Distrito Federal e aos Municípios nos quais a implantação do Fundo for antecipada na forma prevista no parágrafo anterior.

Art. 2º - Os recursos do Fundo serão aplicados na manutenção e desenvolvimento do ensino fundamental público, e na valorização de seu Magistério.

§ 1º - A distribuição dos recursos, no âmbito de cada Estado e do Distrito Federal, dar-se-á, entre o Governo Estadual e os Governos Municipais, na proporção do número de alunos matriculados anualmente nas escolas cadastradas das respectivas redes de ensino, considerando-se para esse fim:

I - as matrículas da 1ª a 8ª séries do ensino fundamental;

II - (VETADO).

§ 2º - A distribuição a que se refere o parágrafo anterior, a partir de 1998, deverá considerar, ainda, a diferenciação de custo por aluno, segundo os níveis de ensino e tipos de estabelecimento, adotando-se a metodologia de cálculo e as correspondentes ponderações, de acordo com os seguintes componentes:

I - 1ª a 4ª séries;
II - 5ª a 8ª séries;
III - estabelecimentos de ensino especial;
IV - escolas rurais.

§ 3º - Para efeitos dos cálculos mencionados no § 1º, serão computadas exclusivamente as matrículas do ensino presencial.

§ 4º - O Ministério da Educação e do Desporto - MEC realizará, anualmente, censo educacional, cujos dados serão publicados no *Diário Oficial da União* e constituirão a base para fixar a proporção prevista no § 1º.

§ 5º - Os Estados, o Distrito Federal e os Municípios poderão, no prazo de trinta dias da publicação referida no parágrafo anterior, apresentar recurso para retificação dos dados publicados.

§ 6º - É vedada a utilização dos recursos do Fundo como garantia de operações de crédito internas e externas, contraídas pelos Governos da União, dos Estados, do Distrito Federal e dos Municípios, admitida somente sua utilização como contrapartida em operações que se destinem, exclusivamente, ao financiamento de projetos e programas do ensino fundamental.

Art. 3º - Os recursos do Fundo previstos no art. 1º serão repassados, automaticamente, para contas únicas e específicas dos Governos Estaduais, do Distrito Federal e dos Municípios, vinculadas ao Fundo, instituídas para esse fim e mantidas na instituição financeira de que trata o art. 93 da Lei nº 5.172, de 25 de outubro de 1966.

§ 1º - Os repasses ao Fundo, provenientes das participações a que se refere o art. 159, inciso I, alíneas "a" e "b", e inciso II, da Constituição Federal, constarão dos orçamentos da União, dos Estados e do Distrito Federal, e serão creditados pela União em favor dos Governos Estaduais, do Distrito Federal e dos Municípios, nas contas específicas a que se refere este artigo, respeitados os critérios e as finalidades estabelecidas no art. 2º, observados os mesmos prazos, procedimentos e forma de divulgação adotados para o repasse do restante destas transferências constitucionais em favor desses governos.

§ 2º - Os repasses ao Fundo, provenientes do imposto previsto no art. 155, inciso II, combinado com o art. 158, inciso IV, da Constituição Federal, constarão dos orçamentos dos Governos Estaduais e do Distrito Federal e serão depositados pelo estabelecimento oficial de crédito, previsto no art. 4º da Lei Complementar nº 63, de 11 de janeiro de 1990, no momento em que a arrecadação estiver realizada nas contas do Fundo abertas na instituição financeira de que trata este artigo.

§ 3º - A instituição financeira, no que se refere aos recursos do imposto mencionado no § 2º, creditará imediatamente as parcelas devidas ao Governo Estadual, ao Distrito Federal e aos Municípios nas contas específicas referidas neste artigo, observados os critérios e as finalidades estabelecidas no art. 2º, procedendo à divulgação dos valores creditados de forma similar e com a mesma periodicidade utilizada pelos Estados em relação ao restante da transferência do referido imposto.

§ 4º - Os recursos do Fundo provenientes da parcela do Imposto sobre Produtos Industrializados, de que trata o art. 1º, inciso III, serão creditados pela União, em favor dos Governos Estaduais e do Distrito Federal, nas contas específicas, segundo o critério e respeitadas as finalidades estabelecidas no art. 2º, observados os mesmos prazos, procedimentos e forma de divulgação previstos na Lei Complementar nº 61, de 26 de dezembro de 1989.

§ 5º - Do montante dos recursos do IPI, de que trata o art. 1º, inciso III, a parcela devida aos Municípios, na forma do disposto no art. 5º da Lei Complementar nº 61, de 26 de dezembro de 1989, será repassada pelo respectivo Governo Estadual ao Fundo e os recursos serão creditados na conta específica a que se refere este artigo, observados os mesmos prazos, procedimentos e forma de divulgação do restante desta transferência aos Municípios.

§ 6º - As receitas financeiras provenientes das aplicações eventuais dos saldos das contas a que se refere este artigo em operações financeiras de curto prazo ou de mercado aberto, lastreadas em títulos da dívida pública, junto à instituição financeira depositária dos recursos, deverão ser repassadas em favor dos Estados, do Distrito Federal e dos Municípios nas mesmas condições estabelecidas no art. 2º.

§ 7º - Os recursos do Fundo, devidos aos Estados, ao Distrito Federal e aos Municípios, constarão de programação específica nos respectivos orçamentos.

§ 8º - Os Estados e os Municípios recém-criados terão assegurados os recursos do Fundo previstos no art. 1º, a partir das respectivas instalações, em conformidade com os critérios estabelecidos no art. 2º.

§ 9º - Os Estados e os respectivos Municípios poderão, nos termos do art. 211, § 4º, da Constituição Federal, celebrar convênios para transferência de alunos, recursos humanos, materiais e encargos financeiros nos quais estará prevista a transferência imediata de recursos do Fundo correspondentes ao número de matrículas que o Estado ou Município assumir.

Art. 4º - O acompanhamento e o controle social sobre a repartição, a transferência e a aplicação dos recursos do Fundo serão exercidos, junto aos respectivos governos, no âmbito da União, dos Estados, do Distrito Federal e dos Municípios, por conselhos a serem instituídos em cada esfera no prazo de cento e oitenta dias a contar da vigência desta Lei.

§ 1º - Os Conselhos serão constituídos, de acordo com norma de cada esfera editada para esse fim:

I - em nível federal, por no mínimo seis membros, representando, respectivamente:

a) o Poder Executivo Federal;

b) o Conselho Nacional de Educação;

c) o Conselho Nacional de Secretários de Estado da Educação - CONSED;

d) a Confederação Nacional dos Trabalhadores em Educação - CNTE;

e) a União Nacional dos Dirigentes Municipais de Educação - UNDIME;

f) os pais de alunos e professores das escolas públicas do ensino fundamental; e

II - nos Estados, por no mínimo sete membros, representando, respectivamente:

a) o Poder Executivo Estadual;

b) os Poderes Executivos Municipais;

c) o Conselho Estadual de Educação;

d) os pais de alunos e professores das escolas públicas do ensino fundamental;

e) a Seccional da União Nacional dos Dirigentes Municipais de Educação - UNDIME;

f) a Seccional da Confederação Nacional dos Trabalhadores em Educação - CNTE;

g) a delegacia regional do Ministério da Educação e do Desporto - MEC;

III - no Distrito Federal, por no mínimo cinco membros, sendo as representações as previstas no inciso II, salvo as indicadas nas alíneas, "b", "e" e "g".

IV - nos Municípios, por no mínimo quatro membros, representando, respectivamente:

a) a Secretaria Municipal de Educação ou órgão equivalente;

b) os professores e diretores das escolas públicas do ensino fundamental;

c) os pais de alunos;

d) os servidores das escolas públicas do ensino fundamental.

§ 2º - Aos conselhos incumbe ainda a supervisão do censo escolar anual.

§ 3º - Integrarão ainda os conselhos municipais, onde houver, representantes do respectivo Conselho Municipal de Educação.

§ 4º - Os Conselhos instituídos, seja no âmbito federal, estadual, do Distrito Federal ou municipal, não terão estrutura administrativa própria e seus membros não perceberão qualquer espécie de remuneração pela participação no colegiado, seja em reunião ordinária ou extraordinária.

Art. 5º - Os registros contábeis e os demonstrativos gerenciais, mensais e atualizados, relativos aos recursos repassados, ou recebidos, à conta do Fundo a que se refere o art. 1º, ficarão, permanentemente, à disposição dos conselhos responsáveis pelo acompanhamento e fiscalização, no âmbito do Estado, do Distrito Federal ou do Município, e dos órgãos federais, estaduais e municipais de controle interno e externo.

Art. 6º - A União complementará os recursos do Fundo a que se refere o art. 1º sempre que, no âmbito de cada Estado e do Distrito Federal, seu valor por aluno não alcançar o mínimo definido nacionalmente.

§ 1º - O valor mínimo anual por aluno, ressalvado o disposto no § 4º, será fixado por ato do Presidente da República e nunca será inferior à razão entre a previsão da receita total para o Fundo e a matrícula total do ensino fundamental no ano anterior, acrescida do total estimado de novas matrículas, observado o disposto no art. 2º, § 1º, incisos I e II.

§ 2º - As estatísticas necessárias ao cálculo do valor anual mínimo por aluno, inclusive as estimativas de matrículas, terão como base o censo educacional realizado pelo Ministério da Educação e do Desporto, anualmente, e publicado no *Diário Oficial da União*.

§ 3º - As transferências dos recursos complementares a que se refere este artigo serão realizadas mensal e diretamente às contas específicas a que se refere o art. 3º.

§ 4º - No primeiro ano de vigência desta lei, o valor mínimo anual por aluno, a que se refere este artigo, será de R$ 300,00 (trezentos reais).

§ 5º - (VETADO).

Art. 7º - Os recursos do Fundo, incluída a complementação da União, quando for o caso, serão utilizados pelos Estados, Distrito Federal e Municípios, assegurados, pelos menos, 60% (sessenta por cento) para a remuneração dos profissionais do magistério, em efetivo exercício de suas atividades no ensino fundamental público.

Parágrafo único. Nos primeiros cinco anos, a contar da publicação desta Lei, será permitida a aplicação de parte dos recursos da parcela de 60% (sessenta por cento), prevista neste artigo, na capacitação de professores leigos, na forma prevista no art. 9º, §1º.

Art. 8º - A instituição do Fundo previsto nesta Lei e a aplicação de seus recursos não isentam os Estados, o Distrito Federal e os Municípios da obrigatoriedade de aplicar, na manutenção e desenvolvimento do ensino, na forma prevista no art. 212 da Constituição Federal:

I - pelo menos 10% (dez por cento) do montante de recursos originários do ICMS, do FPE, do FPM, da parcela do IPI, devida nos termos da Lei Complementar nº 61, de 26 de dezembro de 1989, e das transferências da União, em moeda, a título de desoneração das exportações, nos termos da Lei Complementar nº 87, de 13 de setembro de 1996, de modo que os recursos previstos no art. 1º, § 1º, somados aos referidos neste inciso, garantam a aplicação do mínimo de 25% (vinte e cinco por cento) destes impostos e transferências em favor da manutenção e desenvolvimento do ensino;

II - pelo menos 25% (vinte e cinco por cento) dos demais impostos e transferências.

Parágrafo único. Dos recursos a que se refere o inciso II, 60% (sessenta por cento) serão aplicados na manutenção e desenvolvimento do ensino fundamental, conforme disposto no art. 60 do Ato das Disposições Constitucionais Transitórias.

Art. 9º - Os Estados, o Distrito Federal e os Municípios deverão, no prazo de seis meses da vigência desta Lei, dispor de novo Plano de Carreira e Remuneração do Magistério, de modo a assegurar:

I - a remuneração condigna dos professores do ensino fundamental público em efetivo exercício no magistério;

II - o estímulo ao trabalho em sala de aula;

III - a melhoria da qualidade do ensino.

§ 1º - Os novos planos de carreira e remuneração do magistério deverão contemplar investimentos na capacitação dos professores leigos, os quais passarão a integrar quadro em extinção, de duração de cinco anos.

§ 2º - Aos professores leigos é assegurado prazo de cinco anos para obtenção da habilitação necessária ao exercício das atividades docentes.

§ 3º - A habilitação a que se refere o parágrafo anterior é condição para o ingresso no quadro permanente da carreira conforme os novos planos de carreira e remuneração.

Art. 10 - Os Estados, o Distrito Federal e os Municípios deverão comprovar:

I - efetivo cumprimento do disposto no art. 212 da Constituição Federal;

II - apresentação de Plano de Carreira e Remuneração do Magistério, de acordo com as diretrizes emanadas do Conselho Nacional de Educação, no prazo referido no artigo anterior;

III - fornecimento das informações solicitadas por ocasião do censo escolar, ou para fins de elaboração de indicadores educacionais;

Parágrafo único. O não-cumprimento das condições estabelecidas neste artigo, ou o fornecimento de informações falsas, acarretará sanções administrativas, sem prejuízo das civis ou penais ao agente executivo que lhe der causa.

Art. 11 - Os órgãos responsáveis pelos sistemas de ensino, assim como os Tribunais de Contas da União, dos Estados e dos Municípios, criarão mecanismos adequados à fiscalização do cumprimento pleno do disposto no art. 212 da Constituição Federal e desta lei, sujeitando-se os Estados e o Distrito Federal à intervenção da União, e os Municípios à intervenção dos respectivos Estados, nos termos do art. 34, inciso VII, alínea "e", e do art. 35, inciso III, da Constituição Federal.

Art. 12 - O Ministério da Educação e do Desporto realizará avaliações periódicas dos resultados da aplicação desta Lei, com vistas à adoção de medidas operacionais e de natureza político-educacional corretivas, devendo a primeira realizar-se dois anos após sua promulgação.

Art. 13 - Para os ajustes progressivos de contribuições a valor que corresponda a um padrão de qualidade de ensino definido nacionalmente e previsto no art. 60, § 4º, do Ato das Disposições Constitucionais Transitórias, serão considerados, observado o disposto no art. 2º, § 2º, os seguintes critérios:

I - estabelecimento do número mínimo e máximo de alunos em sala de aula;

II - capacitação permanente dos profissionais de educação;

III - jornada de trabalho que incorpore os momentos diferenciados das atividades docentes;

IV - complexidade de funcionamento;

V - localização e atendimento da clientela;

VI - busca do aumento do padrão de qualidade do ensino.

Art. 14 - A União desenvolverá política de estímulo às iniciativas de melhoria de qualidade do ensino, acesso e permanência na escola promovidos pelas unidades federadas, em especial aquelas voltadas às crianças e adolescentes em situação de risco social.

Art. 15 - O Salário-Educação, previsto no art. 212, § 5º da Constituição Federal e devido pelas empresas, na forma em que vier a ser disposto em regulamento, é calculado com base na alíquota de 2,5% (dois e meio por cento) sobre o total de remunerações pagas ou creditadas, a qualquer título, aos segurados empregados, assim definidos no art. 12, inciso I, da Lei nº 8.212, de 24 de julho de 1991.

§ 1º - A partir de 1º de janeiro de 1997, o montante de arrecadação do Salário-Educação, após a dedução de 1% (um por cento) em favor do Instituto Nacional do Seguro Social - INSS, calculado sobre o valor por ele arrecadado, será distribuído pelo Fundo Nacional de Desenvolvimento da Educação-FNDE, observada a arrecadação realizada em cada Estado e no Distrito Federal, em quotas, da seguinte forma:

I - Quota Federal, correspondente a um terço do montante de recursos, que será destinada ao FNDE e aplicada no financiamento de programas e projetos voltados para a universalização do ensino fundamental, de forma a propiciar a redução dos desníveis sócio-educacionais existentes entre Municípios, Estados, Distrito Federal e regiões brasileiras.

II - Quota Estadual, correspondente a dois terços do montante de recursos, que será creditada mensal e automaticamente em favor das Secretarias de Educação dos Estados e do Distrito Federal para financiamento de programas, projetos e ações do ensino fundamental.

§ 2º - (VETADO).

§ 3º - Os alunos regularmente atendidos, na data da edição desta Lei, como beneficiários da aplicação realizada pelas empresas contribuintes, no ensino fundamental dos seus empregados e dependentes, à conta de deduções da contribuição social do Salário-Educação, na forma da legislação em vigor, terão, a partir de 1º de janeiro de 1997, o benefício assegurado, respeitadas as condições em que foi concedido, e vedados novos ingressos nos termos do art. 212, § 5º, da Constituição Federal.

Art. 16 - Esta Lei entra em vigor em 1º de janeiro de 1997.

Art. 17 - Revogam-se as disposições em contrário.

Brasília, 24 de dezembro de 1996,
175º da Independência e 108º da República.
Fernando Henrique Cardoso
Paulo Renato Souza

ANEXO 6
DECRETO Nº 3.860, DE 9 DE JULHO DE 2001

Dispõe sobre a organização do ensino superior, a avaliação de cursos e instituições, e dá outras providências

O PRESIDENTE DA REPÚBLICA, no uso das atribuições que lhe confere o art. 84, incisos IV e VI, da Constituição, e, tendo em vista o disposto nas Leis nº 4.024, de 20 de dezembro de 1961, nº 9.391, de 24 de novembro de 1995, e nº 9.394, de 20 de dezembro de 1996.

DECRETA:

Art. 1º - As instituições de ensino superior classificam-se em:

I - públicas, quando criadas ou incorporadas, mantidas e administradas pelo Poder Público; e

II - privadas, quando mantidas e administradas por pessoas físicas ou jurídicas de direito privado.

Art. 2º - Para os fins deste Decreto, entende-se por cursos superiores os referidos nos incisos I e II do art. 44 da Lei nº 9.394, de 20 de dezembro de 1996.

CAPÍTULO II

DAS ENTIDADES MANTENEDORAS

Art. 3º - As pessoas jurídicas de direito privado mantenedoras de instituições de ensino superior poderão assumir qualquer das formas admitidas em direito de natureza civil ou comercial, e, quando constituídas como fundação, serão regidas pelo disposto no art. 24 do Código Civil Brasileiro.

Parágrafo único. O estatuto ou contrato social da entidade mantenedora, bem assim suas alterações, serão devidamente registrados pelos órgãos competentes e remetidos ao Ministério da Educação.

Art. 4º - A transferência de cursos e instituições de ensino superior de uma para outra entidade mantenedora deverá ser previamente aprovada pelo Ministério da Educação.

Art. 5º - As entidades mantenedoras de instituições de ensino superior sem finalidade lucrativa publicarão, para cada ano civil, suas demonstrações financeiras certificadas por auditores independentes e com parecer do respectivo conselho fiscal, sendo ainda obrigadas a:

I - manter, em livros revestidos de formalidades que assegurem a respectiva exatidão, escrituração completa e regular de todos os dados fiscais na forma da legislação pertinente, bem assim de quaisquer outros atos ou operações que venham a modificar sua situação patrimonial; e

II - conservar em boa ordem, pelo prazo de cinco anos, contados da data de emissão, os documentos que comprovem a origem de suas receitas e a efetivação de suas despesas, bem como a realização de quaisquer outros atos ou operações que venham a modificar sua situação patrimonial.

§ 1º - As entidades de que trata o *caput* deverão, ainda, quando determinado pelo Ministério da Educação:

I - submeter-se a auditoria; e

II - comprovar:

a) a aplicação dos seus excedentes financeiros para os fins da instituição de ensino superior mantida; e

b) a não remuneração ou concessão de vantagens ou benefícios, por qualquer forma ou título, a seus instituidores, dirigentes, sócios, conselheiros, ou equivalentes;

§ 2º - Em caso de encerramento de suas atividades, as instituições de que trata o *caput* deverão destinar seu patrimônio a outra instituição congênere ou ao Poder Público, promovendo, se necessário, a alteração estatutária correspondente.

Art. 6º - As entidades mantenedoras de instituições de ensino superior com finalidade lucrativa, ainda que de natureza civil, deverão elaborar, em cada exercício social, demonstrações financeiras atestadas por profissionais competentes.

CAPÍTULO III

DAS INSTITUIÇÕES DE ENSINO SUPERIOR

Art. 7º - Quanto à sua organização acadêmica, as instituições de ensino superior do Sistema Federal de Ensino classificam-se em:
  I - universidades;
  II - centros universitários; e
  III - faculdades integradas, faculdades, institutos ou escolas superiores.

Art. 8º - As universidades caracterizam-se pela oferta regular de atividades de ensino, de pesquisa e de extensão, atendendo ao que dispõem os artigos 52, 53 e 54 da Lei nº 9.394, de 20 de dezembro de 1996.

§ 1º - As atividades de ensino previstas no *caput* deverão contemplar, nos termos do Art. 44 da Lei 9.394, de 1996, programas de mestrado ou de doutorado em funcionamento regular e avaliados positivamente pela Fundação Coordenação de Aperfeiçoamento do Pessoal de Nível Superior - CAPES.

§ 2º - A criação de universidades especializadas, admitidas na forma do parágrafo único do art. 52 da Lei nº 9.394, de 1996, dar-se-á mediante a comprovação da existência de atividades de ensino e pesquisa, tanto em áreas básicas como nas aplicadas, observado o disposto neste artigo.

§ 3º - As universidades somente serão criadas por credenciamento de instituições de ensino superior já credenciadas e em funcionamento regular, com qualidade comprovada em avaliações coordenadas pelo Ministério da Educação.

Art. 9º - Para os fins do inciso III do art. 52, da Lei nº 9.394, de 1996, entende-se por regime de trabalho docente em tempo integral aquele que obriga a prestação de quarenta horas semanais de trabalho na mesma instituição, nele reservado o tempo de pelo menos vinte horas semanais destinado a estudos, pesquisa, trabalhos de extensão, planejamento e avaliação.

Art. 10 - As universidades, mediante prévia autorização do Poder Executivo, poderão criar cursos superiores em municípios diversos de sua sede definida nos atos legais de seu credenciamento, desde que situados na mesma unidade da federação.

§ 1º - Para os fins do disposto no art. 52 da Lei nº 9.394, de 1996, os cursos criados na forma deste artigo, organizados ou não em novo *campus*, integrarão o conjunto da universidade.

§ 2º - A autonomia prevista no inciso I do art. 53 da Lei nº 9.394, de 1996, não se estende aos cursos e *campus* fora de sede das universidades.

§ 3º - Os *campus* fora de sede já criados e em funcionamento na data de publicação deste decreto preservarão suas atuais prerrogativas de autonomia até a conclusão do processo de recredenciamento da Universidade, ao qual estarão igualmente sujeitos.

Art. 11 - Os centros universitários são instituições de ensino superior pluricurriculares, que se caracterizam pela excelência do ensino oferecido, comprovada pelo desempenho de seus cursos nas avaliações coordenadas pelo Ministério da Educação, pela qualificação do seu corpo docente e pelas condições de trabalho acadêmico oferecidas à comunidade escolar.

§ 1º - Fica estendida aos centros universitários credenciados autonomia para criar, organizar e extinguir, em sua sede, cursos e programas de educação superior, assim como remanejar ou ampliar vagas nos cursos existentes.

§ 2º - Os centros universitários poderão usufruir de outras atribuições da autonomia universitária, além da que se refere o parágrafo anterior, devidamente definidas no ato de seu credenciamento, nos termos do parágrafo 2º do artigo 54, da Lei nº 9.394, de 1996.

§ 3º - A autonomia de que trata o parágrafo 2º deverá observar os limites definidos no Plano de Desenvolvimento da Instituição aprovado quando do seu credenciamento e recredenciamento.

§ 4º - É vedada aos centros universitários a criação de cursos fora de sua sede indicada nos atos legais de credenciamento.

§ 5º - Os Centros Universitários somente serão criados por credenciamento de instituições de ensino superior já credenciadas e em funcionamento regular, com qualidade comprovada em avaliações coordenadas pelo Ministério da Educação.

Art. 12 - Faculdades integradas são instituições com propostas curriculares em mais de uma área de conhecimento, organizadas para atuar com regimento comum e comando unificado.

Art. 13 - A criação de cursos superiores em instituições credenciadas como faculdades integradas, faculdades, institutos superiores ou escolas superiores depende de prévia autorização do Poder Executivo.

Art. 14 - Os institutos superiores de educação criados na forma do Decreto nº 3.276, de 6 de dezembro de 1999, deverão definir planos de desenvolvimento institucional.

Parágrafo único. Os institutos de que trata o *caput* poderão ser organizados como unidades acadêmicas de instituições de ensino superior já credenciadas, devendo neste caso definir planos de desenvolvimento acadêmico

Art. 15 - Anualmente, antes de cada período letivo, as instituições de ensino superior tornarãopúblicos seus critérios de seleção de alunos nos termos do Art. 44, inciso II, da Lei nº 9.394, de 1996, e de acordo com as orientações do Conselho Nacional de Educação.

§ 1º - Na ocasião do anúncio previsto no *caput* deste artigo, as instituições de ensino superior também tornarão públicas:

I - a relação nominal dos docentes e sua qualificação, em efetivo exercício;

II - a descrição dos recursos materiais à disposição dos alunos, tais como laboratórios, computadores, acessos às redes de informação e acervo das bibliotecas;

III - o elenco dos cursos reconhecidos e dos cursos em processo de reconhecimento;

IV - os resultados das avaliações do Exame Nacional de Cursos e das condições de oferta dos cursos superiores, realizadas pelo Instituto Nacional de Estudos e Pesquisas Educacionais - INEP; e

V - o valor dos encargos financeiros a serem assumidos pelos alunos e as normas de reajuste aplicáveis ao período letivo a que se refere o processo seletivo.

§ 2º - O não cumprimento do disposto no parágrafo anterior, bem assim a publicação de informação inverídica, constituem deficiências para os fins do § 1º do art. 46 da Lei nº 9.394, de 1996.

CAPÍTULO IV

DA AVALIAÇÃO

Art. 16 - Para fins de cumprimento dos arts. 9º e 46 da Lei nº 9.394, de 1996, o Ministério da Educação coordenará a avaliação de cursos, programas e instituições de ensino superior.

§ 1º - Para assegurar processo nacional de avaliação de cursos e instituições de ensino superior, o Ministério da Educação manterá cooperação com os sistemas estaduais de educação.

§ 2º - Para assegurar o disposto no § 3º do art. 80 da Lei nº 9.394, de 1996, o Ministério da Educação coordenará a cooperação e integração prevista com os sistemas de ensino estaduais.

Art. 17 - A avaliação de cursos e instituições de ensino superior será organizada e executada pelo INPE, compreendendo as seguintes ações:

I - avaliação dos principais indicadores de desempenho global do sistema nacional de educação superior, por região e Unidade da Federação, segundo as áreas do conhecimento e a classificação das instituições de ensino superior, definidos no Sistema de Avaliação e Informação Educacional do INPE;

II - avaliação institucional do desempenho individual das instituições de ensino superior, considerando, pelo menos, os seguintes itens:

a) grau de autonomia assegurado pela entidade mantenedora;
b) plano de desenvolvimento institucional;
c) independência acadêmica dos órgãos colegiados da instituição;
d) capacidade de acesso a redes de comunicação e sistemas de informação;
e) estrutura curricular adotada e sua adequação com as diretrizes curriculares nacionais de cursos de graduação;
f) critérios e procedimentos adotados na avaliação do rendimento escolar;
g) programas e ações de integração social;
h) produção científica, tecnológica e cultural;
i) condições de trabalho e qualificação docente;
j) a auto-avaliação realizada pela instituição e as providências adotadas para saneamento de deficiências identificadas;
l) os resultados de avaliações coordenadas pelo MEC;

III - avaliação dos cursos superiores, mediante a análise dos resultados do Exame Nacional de Cursos e das condições de oferta de cursos superiores.

§ 1º - A análise das condições de oferta de cursos superiores referida no inciso III será efetuada nos locais de funcionamento dos mesmos, por comissões de especialistas devidamente designadas, e considerará:

I - organização didático-pedagógica;

II - corpo docente, considerando principalmente a titulação, a experiência profissional, a estrutura da carreira, a jornada de trabalho e as condições de trabalho;

III - adequação das instalações físicas gerais e específicas, tais como laboratórios e outros ambientes e equipamentos integrados ao desenvolvimento do curso;

IV - bibliotecas, com atenção especial para o acervo especializado, inclusive o eletrônico, para as condições de acesso às redes de comunicação e para os sistemas de informação, regime de funcionamento e modernização dos meios de atendimento.

§ 2º - As avaliações realizadas pelo INEP subsidiarão os processos de recredenciamento de instituições de ensino superior e de reconhecimento e renovação de reconhecimento de cursos superiores.

Art. 18 - A avaliação de programas de mestrado e doutorado, por área de conhecimento, será realizada pela CAPES, de acordo com critérios e metodologias próprios.

CAPÍTULO V

DOS PROCEDIMENTOS OPERACIONAIS

Art. 19 - A autorização para funcionamento e o reconhecimento de cursos superiores, bem assim o credenciamento e o recredenciamento de instituições de ensino superior organizadas sob quaisquer das formas previstas neste Decreto, terão prazos limitados, sendo renovados, periodicamente, após processo regular de avaliação.

Art. 20 - Os pedidos de credenciamento e de recredenciamento de instituições de ensino superior e de autorização, reconhecimento e renovação de reconhecimento de cursos superiores serão formalizados pelas respectivas entidades mantenedoras, atendendo aos seguintes requisitos de habilitação:

I - cópia dos atos, registrados no órgão oficial competente, que atestem sua existência e capacidade jurídica de atuação, na forma da legislação pertinente;

II - prova de inscrição no Cadastro Nacional de Pessoa Jurídica (CNPJ);

III - prova de regularidade perante a Fazenda Federal, Estadual e Municipal;

IV - prova de regularidade relativa à Seguridade Social e ao Fundo de Garantia por Tempo de Serviço;

V - demonstração de patrimônio para manter instituição ou instituições de educação;

VI - identificação dos integrantes do corpo dirigente, destacando a experiência acadêmica e administrativa de cada um;

VII - prova de inscrição no cadastro de contribuintes estadual e municipal, se for o caso;

VIII - estatuto da universidade ou centro universitário, ou regimento da instituição de ensino sem prerrogativas de autonomia.

Parágrafo único. O Ministério da Educação definirá, em ato próprio, os requisitos de habilitação aplicáveis às instituições federais de ensino superior nos processos de que trata o *caput*.

Art. 21 - As universidades, na forma disposta neste decreto, somente serão criadas por novo credenciamento de instituições de ensino superior já credenciadas e em funcionamento regular, e que apresentem bom desempenho nas avaliações realizadas pelo INEP, ou, no caso de instituições federais, por lei específica.

Parágrafo único. O credenciamento e o recredenciamento das universidades, bem assim a aprovação dos respectivos estatutos e suas alterações, serão efetivados mediante ato do Poder Executivo, após deliberação da Câmara de Educação Superior do Conselho Nacional de Educação, homologada pelo Ministro de Estado da Educação.

Art. 22 - O processo de recredenciamento de universidades autorizadas ou credenciadas antes da vigência da Lei nº 9.394, de 1996, deverá ocorrer sem prejuízo do estabelecido no parágrafo 2º do art. 88 da mesma lei.

Art. 23 - Os centros universitários, na forma disposta neste decreto, somente serão criados por credenciamento de instituições de ensino superior já credenciadas e em funcionamento regular, e que apresentem, na maioria de seus cursos de graduação, bom desempenho na avaliação do Exame Nacional de Cursos e nas demais avaliações realizadas pelo INEP.

Parágrafo único. O credenciamento e recredenciamento dos Centros Universitários, bem assim a aprovação dos respectivos estatutos e suas alterações, serão efetivados mediante ato do Poder Executivo, após deliberação da Câmara de Educação Superior do Conselho Nacional de Educação homologada pelo Ministro de Estado da Educação.

Art. 24 - O credenciamento das faculdades integradas, faculdades, institutos superiores e escolas superiores se dará mediante ato do Poder Executivo.

Art. 25 - O credenciamento e o recredenciamento de instituições de ensino superior, cumpridas todas as exigências legais, ficam condicionados a formalização de Termo de Compromisso entre a entidade mantenedora e o Ministério da Educação.

Parágrafo único. Integrarão o Termo de Compromisso de que trata o *caput* os seguintes documentos:

I - plano de implantação e desenvolvimento de seus cursos superiores, de forma a assegurar o atendimento aos critérios e padrões de qualidade para o corpo docente, infra-estrutura geral e específica e organização didático-pedagógica, bem como a descrição dos projetos pedagógicos a serem implantados até sua plena integralização, considerando as diretrizes nacionais de currículo aprovadas pelo Conselho Nacional de Educação e homologadas pelo Ministro de Estado da Educação;

II - critérios e procedimentos editados pelo Ministério da Educação, reguladores da organização, supervisão avaliação do ensino superior;

III - descrição e cronograma do processo de expansão da instituição a ser credenciada, em relação ao aumento de vagas, abertura de cursos superiores, ampliação das instalações físicas e, quando for o caso, abertura de cursos fora de sede;

IV - valor dos encargos financeiros assumidos pelos alunos e as normas de reajuste aplicáveis durante o desenvolvimento dos cursos;

V - projeto de qualificação da instituição, contendo, pelo menos, a descrição dos procedimentos de auto-avaliação institucional, bem como os de atendimento aos alunos, incluindo orientação administrativa, pedagógica e profissional, acesso aos laboratórios e bibliotecas e formas de participação dos professores e alunos nos órgãos colegiados responsáveis pela condução dos assuntos acadêmicos; e

VI - minuta de contrato de prestação de serviços educacionais a ser firmado entre a instituição e seus alunos, visando garantir o atendimento dos padrões de qualidade definidos pelo Ministério da Educação e a regularidade da oferta de ensino superior de qualidade.

Art. 26 - A autorização prévia para o funcionamento de cursos superiores em instituições de ensino superior mencionadas no inciso III do art. 7º deste Decreto será formalizada mediante ato do Poder Executivo.

§ 1º - O ato de que trata o *caput* fixará o número de vagas, o município e o endereço das instalações para o funcionamento dos cursos autorizados.

§ 2º - O disposto no *caput* e no § 1º deste artigo aplica-se, igualmente, aos cursos referidos no art. 10.

Art. 27 - A criação de cursos de graduação em medicina, em odontologia e em psicologia, por universidades e demais instituições de ensino superior, deverá ser submetida à manifestação do Conselho Nacional de Saúde.

§ 1º - O Conselho Nacional de Saúde deverá manifestar-se no prazo máximo de cento e vinte dias, contados da data do recebimento do processo remetido pela Secretaria de Educação Superior do Ministério da Educação.

§ 2º - A criação dos cursos de que trata o *caput* dependerá de deliberação da Câmara de Educação Superior do Conselho Nacional de Educação homologada pelo Ministro de Estado da Educação.

Art. 28 - A criação e o reconhecimento de cursos jurídicos em instituições de ensino superior, inclusive em universidades e centros universitários, deverão ser submetidos à manifestação do Conselho Federal da Ordem dos Advogados do Brasil.

§ 1º - O Conselho Federal da Ordem dos Advogados do Brasil deverá manifestar-se no prazo máximo de cento e vinte dias, contados da data do recebimento do processo, remetido pela Secretaria de Educação Superior do Ministério da Educação.

§ 2º - A criação dos cursos de que trata o *caput* dependerá de deliberação da Câmara de Educação Superior do Conselho Nacional de Educação homologada pelo Ministro de Estado da Educação.

Art. 29 - Os atos de autorização prévia de funcionamento de cursos de medicina, psicologia, odontologia e direito ofertados por universidade, em sua sede, não se estendem a cursos oferecidos fora de sua sede.

Art. 30 - Os cursos superiores autorizados deverão iniciar suas atividades acadêmicas no prazo máximo de até doze meses, contados da data de publicação do ato legal de sua autorização, findo o qual este será automaticamente revogado.

Art. 31 - O reconhecimento e a renovação de reconhecimento de cursos superiores serão formalizados mediante ato do Poder Executivo.

Parágrafo único. O reconhecimento e a renovação de reconhecimento de cursos de direito, medicina, odontologia e psicologia dependem de deliberação da Câmara de Educação Superior do Conselho Nacional de Educação homologada pelo Ministro de Estado da Educação.

Art. 32 - O reconhecimento e a renovação de reconhecimento de cursos superiores ofertados por universidades, em sua sede, nos termos do artigo anterior, serão formalizados mediante atos do Poder Executivo, que fixarão o município e os endereços de funcionamento de suas instalações.

Parágrafo único. Os atos referidos no *caput* não se estenderão a cursos oferecidos fora da sede da universidade.

Art. 33 - A autorização prévia de funcionamento de cursos fora de sede, ofertados por universidades, em conformidade com o disposto no art. 10 deste Decreto, será formalizada mediante ato do Poder Executivo, após deliberação da Câmara de Educação superior do Conselho Nacional de Educação homologado pelo Ministro de Estado da Educação, que fixará o município e o endereço de seu funcionamento.

Art. 34 - O Ministério da Educação, após a aprovação pela Câmara de Educação Superior do Conselho Nacional de Educação, estabelecerá os critérios e procedimentos para:

I - o credenciamento e recredenciamento de instituições de ensino superior referidas no inciso III do art. 7º;

II - a autorização prévia de funcionamento de cursos superiores em instituições não universitárias;

III - o reconhecimento de cursos superiores, ressalvados os que dependem de deliberação individual da Câmara referida no *caput*;

IV - a elaboração de regimentos por parte de instituições de ensino superior não universitária.

§ 1º - Os critérios e procedimentos referidos no *caput* deverão levar em consideração, obrigatoriamente, os resultados da avaliação do Exame Nacional de Cursos e das demais avaliações realizadas pelo INEP.

§ 2º - Compete ao Departamento de Políticas do Ensino Superior, da Secretaria de Educação Superior do Ministério da Educação, considerando os resultados das avaliações realizadas pelo INEP:

I - a preparação dos atos necessários à execução dos procedimentos estabelecidos na forma do *caput*;

II – a instrução dos processos de deliberação obrigatória pela Câmara de Educação Superior do Conselho Nacional de Educação; e

III - a expedição de notificação ao interessado na hipótese de indeferimento do pleito.

§ 3º - Recebida a notificação de que trata o inciso III do parágrafo anterior, o interessado poderá apresentar recurso ao Secretário de Educação Superior do Ministério da Educação, observado o prazo de trinta dias contados da expedição da notificação.

§ 4º - Na apreciação do recurso de que trata o parágrafo anterior, o Secretário de Educação Superior do Ministério da Educação poderá solicitar a manifestação da Câmara de Educação Superior do Conselho Nacional de Educação sobre a matéria.

§ 5º - No caso de decisão final desfavorável nos processos de credenciamento de instituições de ensino superior e de autorização prévia de funcionamento de cursos superiores, inclusive os fora de sede em universidades, os interessados só poderão apresentar nova solicitação relativa ao mesmo curso ou instituição após decorrido o prazo de dois anos, a contar da publicação do ato.

Art. 35 - Identificadas deficiências ou irregularidades mediante ações de supervisão ou de avaliação e reavaliação de cursos ou instituições de ensino superior, nos termos do art. 46 da Lei 9.394, de 1996, ou o descumprimento do disposto no Termo de Compromisso mencionado no Art. 25, deste decreto, o Poder Executivo determinará, em ato próprio, conforme o caso:

I - a suspensão do reconhecimento de cursos superiores;
II - a desativação de cursos superiores;
III - a suspensão temporária de prerrogativas de autonomia de universidades e centros universitários;
IV - a intervenção na instituição de ensino superior; e
V - o descredenciamento de instituições de ensino superior.

§ 1º - O baixo desempenho em mais de uma avaliação no Exame Nacional de Cursos e nas demais avaliações realizadas pelo INPE poderá caracterizar as deficiências de que trata o *caput*.

§ 2º - O ato de intervenção referido no *caput* especificará sua amplitude, prazo e condições de execução, e será acompanhado de designação de dirigente *pro tempore*.

Art. 36 - O Ministério da Educação, ouvida a Câmara de Educação Superior do Conselho Nacional de Educação, estabelecerá os procedimentos para:

I - suspensão do reconhecimento de cursos superiores;
II - a desativação de cursos superiores;
III - a suspensão temporária de prerrogativas de autonomia de universidades e centros universitários, observado o disposto no *caput* do art. 35;
IV - a intervenção em instituição de ensino superior; e
V - o descredenciamento de instituições de ensino superior.

§ 1º - Os cursos de graduação que tenham obtido, reiteradamente, desempenho insuficiente na avaliação do Exame Nacional de Cursos e nas demais avaliações realizadas pelo INEP, terão seu reconhecimento suspenso mediante ato do Poder Executivo.

§ 2º - As instituições de ensino superior de que trata o *caput* terão prazo de um ano para solicitar novo reconhecimento, sendo vedada a abertura de processo seletivo de ingresso de novos alunos até que o curso obtenha novo reconhecimento.

§ 3º - Decorrido o prazo de que trata o parágrafo anterior sem que a instituição tenha solicitado novo reconhecimento, ou caso o processo de novo reconhecimento identifique a manutenção das deficiências e irregularidades constatadas, o curso será desativado.

§ 4º - As instituições de ensino superior credenciadas como centros universitários e universidades e que possuam desempenho insuficiente na avaliação do Exame Nacional de Cursos e nas demais avaliações realizadas pelo INEP, terão suspensas as prerrogativas de autonomia, mediante ato do Poder Executivo.

§ 5º - As instituições de que trata o parágrafo 4º serão submetidas, nos termos do art. 34, a imediato processo de recredenciamento.

Art. 37 - No caso de desativação de cursos superiores e de descredenciamento de instituições, caberá à entidade mantenedora resguardar os direitos dos alunos, dos docentes e do pessoal técnico-administrativo.

Parágrafo único. São assegurados aos alunos de cursos desativados ou com o reconhecimento suspenso:

I - a convalidação de estudos até o final do período em que estiverem matriculados para efeito de transferência; e
II - o registro do diploma no caso daqueles que tenham concluído o curso ou estejam matriculados no último período letivo, desde que comprovado o aproveitamento escolar.

Art. 38 - Será sustada a tramitação de solicitações de credenciamento e recredenciamento de instituições de ensino superior, e de autorização, reconhecimento e renovação de reconhecimento de cursos superiores, quando a proponente estiver submetida a processo de averiguação de deficiências ou irregularidades.

Art. 39 - Os processos que, na data de publicação deste Decreto, estiverem protocolizados no Conselho Nacional de Educação serão deliberados pela sua Câmara de Educação Superior e submetidos à homologação do Ministro de Estado da Educação.

Art. 40 - Fica delegada ao Ministro de Estado da Educação competência para a prática dos atos referidos no § 1º do art. 8º nos arts. 10, 13, 21, 23, 24, 26, 31, 32, 33, 35 e 36 deste Decreto.

Art. 41 - Ficam revogados os Decretos nº 2.026 de 10 de outubro de 1996 e nº 2.306 de 19 de agosto de 1997.

Brasília, 9 de julho de 2001;
180º da Independência e 113º da República.
Fernando Henrique Cardoso
Paulo Renato Souza

ANEXO 7

DECRETO Nº 2.208, DE 17 DE ABRIL DE 1997

Regulamenta o § 2º do art. 36 e os arts. 39 a 42 da Lei nº 9.394, de 20 de dezembro de 1996, que estabelece as Diretrizes e Bases da Educação Nacional.

O PRESIDENTE DA REPÚBLICA, no uso da atribuição que lhe confere o art. 84, inciso IV, da Constituição,
DECRETA:

Art. 1º - A educação profissional tem por objetivos:
I - promover a transição entre a escola e o mundo do trabalho, capacitando jovens e adultos com conhecimentos e habilidades gerais e específicas para o exercício de atividades produtivas,
II - proporcionar a formação de profissionais, aptos a exercerem atividades específicas no trabalho, com escolaridade correspondente aos níveis médio, superior e de pós-graduação;
III - especializar, aperfeiçoar e atualizar o trabalhador em seus conhecimentos tecnológicos;
IV - qualificar, reprofissionalizar e atualizar jovens e adultos trabalhadores, com qualquer nível de escolaridade, visando à sua inserção e melhor desempenho no exercício do trabalho.

Art. 2º - A educação profissional será desenvolvida em articulação com o ensino regular ou em modalidades que contemplem estratégias de educação continuada, podendo ser realizadas em escolas do ensino regular, em instituições especializadas ou nos ambientes de trabalho.

Art. 3º - A educação profissional compreende os seguintes níveis:
I - básico: destinado à qualificação, requalificação e reprofissionalização de trabalhadores, independente de escolaridade prévia;

II - técnico: destinado a proporcionar habilitação profissional a alunos matriculados ou egressos do ensino médio, devendo ser ministrado na forma estabelecida por este Decreto;

III - tecnológico: correspondente a cursos de nível superior na área tecnológica, destinado a egressos do ensino médio e técnico.

Art. 4º - A educação profissional de nível básico, na modalidade de educação não-formal e duração variável, destinada a proporcionar ao cidadão trabalhador conhecimentos que lhe permita reprofissionalizar-se, qualificar-se e atualizar-se para o exercício de funções demandadas pelo mundo do trabalho, compatíveis com a complexidade tecnológica do trabalho, o seu grau de conhecimento técnico e o nível de escolaridade do aluno, não estando sujeita à regulamentação curricular.

§ 1º - As instituições federais e as instituições públicas e privadas sem fins lucrativos, apoiadas financeiramente pelo Poder Público, que ministram educação profissional deverão, obrigatoriamente, oferecer cursos profissionais de nível básico em sua programação, abertos a alunos das redes públicas e privadas de educação básica, assim como a trabalhadores com qualquer nível de escolaridade.

§ 2º - Aos que concluírem os cursos de educação profissional de nível básico será conferido certificado de qualificação profissional.

Art. 5º - A educação profissional de nível técnico terá organização curricular própria e independente do ensino médio, podendo ser oferecida de forma concomitante ou seqüencial a este.

Parágrafo único. As disciplinas de caráter profissionalizante, cursadas na parte diversificada do ensino médio, até o limite de 25% do total da carga horária mínima deste nível de ensino, poderão ser aproveitadas no currículo de habilitação profissional, que eventualmente venha a ser cursada, independente de exames específicos.

Art. 6º - A formulação dos currículos plenos dos cursos do ensino técnico obedecerá ao seguinte:

I - o Ministério da Educação e do Desporto, ouvido o Conselho Nacional de Educação, estabelecerá diretrizes curriculares nacionais, constantes de carga horária mínima do curso, conteúdos mínimos, habilidades e competências básicas, por área profissional;

II - os órgãos normativos do respectivo sistema de ensino complementarão as diretrizes definidas no âmbito nacional e estabelecerão seus currículos básicos, onde constarão as disciplinas e cargas horárias mínimas obrigatórias, conteúdos básicos, habilidades e competências, por área profissional;

III - o currículo básico, referido no inciso anterior, não poderá ultrapassar setenta por cento da carga horária mínima obrigatória, ficando reservado um percentual mínimo de trinta por cento para que os estabelecimentos de ensino, independente de autorização prévia, elejam disciplinas, conteúdos, habilidades e competências específicas da sua organização curricular.

§ 1º - Poderão ser implementados currículos experimentais, não contemplados nas diretrizes curriculares nacionais, desde que previamente aprovados pelo sistema de ensino competente.

§ 2º - Após avaliação da experiência e aprovação dos resultados pelo Ministério da Educação e do Desporto, ouvido o Conselho Nacional de Educação, os cursos poderão ser regulamentados e seus diplomas passarão a ter validade nacional.

Art. 7º - Para a elaboração das diretrizes curriculares para o ensino técnico, deverão ser realizados estudos de identificação do perfil de competências necessárias à atividade requerida, ouvidos os setores interessados, inclusive trabalhadores e empregadores.

Parágrafo único. Para atualização permanente do perfil e das competências de que trata o *caput*, o Ministério da Educação e do Desporto criará mecanismos institucionalizados, com a participação de professores, empresários e trabalhadores.

Art. 8º - Os currículos do ensino técnico serão estruturados em disciplinas, que poderão ser agrupadas sob a forma de módulos.

§ 1º - No caso de o currículo estar organizado em módulos, estes poderão ter caráter de terminalidade para efeito de qualificação profissional, dando direito, neste caso, a certificado de qualificação profissional,

§ 2º - Poderá haver aproveitamento de estudos de disciplinas ou módulos cursados em uma habilitação específica para obtenção de habilitação diversa.

§ 3º - Nos currículos organizados em módulos, para obtenção de habilitação, estes poderão ser cursados em diferentes instituições credenciadas pelos sistemas federal e estaduais, desde que o prazo entre a conclusão do primeiro e do último módulo não exceda cinco anos.

§ 4º - O estabelecimento de ensino que conferiu o último certificado de qualificação profissional expedirá o diploma de técnico de nível médio, na habilitação profissional correspondente aos módulos cursados, desde que o interessado apresente o certificado de conclusão do ensino médio.

Art. 9º - As disciplinas do currículo do ensino técnico serão ministradas por professores, instrutores e monitores selecionados, principalmente, em função de sua experiência profissional, que deverão ser preparados para o magistério, previamente ou em serviço, através de cursos regulares de licenciatura ou de programas especiais de formação pedagógica.

Parágrafo único. Os programas especiais de formação pedagógica a que se refere o *caput* serão disciplinados em ato do Ministério da Educação e do Desporto, ouvido o Conselho Nacional de Educação.

Art. 10 - Os cursos de nível superior, correspondentes à educação profissional de nível tecnológico, deverão ser estruturados para atender aos diversos setores da economia, abrangendo áreas especializadas, e conferirão diploma de Tecnólogo.

Art. 11 - Os sistemas federal e estaduais de ensino implementarão, através de exames, certificação de competência, para fins de dispensa de disciplina ou módulos em cursos de habilitação do ensino técnico.

Parágrafo único. O conjunto de certificados de competência equivalente a todas as disciplinas e módulos que integram uma habilitação profissional dará direito ao diploma correspondente de técnico de nível médio.

Art. 12 - Este Decreto entra em vigor na data de sua publicação.

Brasília, 17 de abril de 1997;
176º da Independência e 109º da República.
Fernando Henrique Cardoso
Paulo Renato Souza

ANEXO 8
DECRETO N º 2.494, DE 10 DE FEVEREIRO DE 1998

Regulamenta o Art. 80 da LDB *(Lei nº 9.394/96)*

O PRESIDENTE DA REPÚBLICA, no uso da atribuição que lhe confere o art. 84, inciso IV da Constituição, e de acordo com o disposto no art. 80 da Lei nº 9.394, de 20 de dezembro de 1996.

DECRETA:

Art. 1º - Educação a distância é uma forma de ensino que possibilita a auto-aprendizagem, com a mediação de recursos didáticos sistematicamente organizados, apresentados em diferentes suportes de informação, utilizados isoladamente ou combinados, e veiculados pelos diversos meios de comunicação.

Parágrafo único. Os cursos ministrados sob a forma de educação a distância serão organizados em regime especial, com flexibilidade de requisitos para admissão, horários e duração, sem prejuízo, quando for o caso, dos objetivos e das diretrizes curriculares fixadas nacionalmente.

Art. 2º - Os cursos a distância que conferem certificado ou diploma de conclusão do ensino fundamental para jovens e adultos, do ensino médio, da educação profissional, e de graduação serão oferecidos por instituições públicas ou privadas especificamente credenciadas para esse fim, nos termos deste Decreto e conforme exigências pelo Ministro de Estado da Educação e do Desporto.

§ 1º - A oferta de programas de mestrado e de doutorado na modalidade a distância será objeto de regulamentação específica.

§ 2º - O Credenciamento de Instituição do sistema federal de ensino, a autorização e o reconhecimento de programas a distância de educação profissional e de graduação de qualquer sistema de ensino deverão observar, além do que estabelece este Decreto, o que dispõem as normas contidas em legislação específica e as regulamentações a serem fixadas pelo Ministro da Educação e do Desporto.

§ 3º - A autorização, o reconhecimento de cursos e o credenciamento de Instituições do sistema federal de ensino que ofereçam cursos de educação profissional a distância deverão observar, além do que estabelece este Decreto, o que dispõem as normas contidas em legislação específica.

§ 4º - O credenciamento das Instituições e a autorização dos cursos serão limitados a cinco anos, podendo ser renovados após a avaliação.

§ 5º - A avaliação de que trata o parágrafo anterior obedecerá a procedimentos, critérios e indicadores de qualidade definidos em ato próprio, a ser expedido pelo Ministro de Estado da Educação e do Desporto.

§ 6º - A falta de atendimento aos padrões de qualidade e a ocorrência de irregularidade de qualquer ordem serão objeto de diligências, sindicância, e, se for o caso, de processo administrativo que vise a apurá-los, sustentando-se, de imediato, a tramitação de pleitos de interesse da instituição, podendo ainda acarretar-lhe o descredenciamento.

Art. 3º - A matrícula nos cursos a distância do ensino fundamental para jovens e adultos, médio e educação profissional será feita independentemente de escolarização anterior, mediante avaliação que define o grau de desenvolvimento e experiência do candidato e permita sua inscrição na etapa adequada, conforme regulamentação do respectivo sistema de ensino.

Parágrafo único. A matrícula nos cursos de graduação e pós-graduação será efetivada mediante comprovação dos requisitos estabelecidos na legislação que regula esses níveis.

Art. 4º - Os cursos a distância poderão aceitar transferência e aproveitar créditos obtidos pelos alunos em cursos presenciais, da mesma forma que as certificações totais ou parciais obtidas em cursos a distância poderão ser aceitas em cursos presenciais.

Art. 5º - Os certificados e diplomas de cursos a distância autorizados pelos sistemas de ensino, expedidos por instituições credenciadas e registrados na forma da lei, terão validades nacional.

Art. 6º - Os certificados e diplomas de cursos a distância emitidos por instituições estrangeiras, mesmo quando realizados em cooperação com instituições sediadas no Brasil, deverão ser revalidados para gerarem efeitos legais, de acordo com as normas vigentes para o ensino presencial.

Art. 7º - A avaliação do rendimento do aluno para fins de promoção, certificação ou diplomação realizar-se-á no processo por meio de exames presenciais, de responsabilidade da Instituição credenciada para ministrar o curso, segundo procedimentos e critérios definidos no projeto autorizado.

Parágrafo único. Os exames deverão avaliar competências descritas nas diretrizes curriculares nacionais, quando for o caso, bem como conteúdos e habilidades que cada curso se propõe a desenvolver.

Art. 8º - Nos níveis fundamental para jovens e adultos, médio e educação profissional, os sistemas de ensino poderão credenciar instituições exclusivamente para a realização de exames finais, atendidas às normas gerais da educação nacional.

§ 1º - Será exigência para credenciamento dessas Instituições a construção e manutenção de banco de itens que será objeto de avaliação periódica.

§ 2º - Os exames dos cursos de educação profissional devem contemplar conhecimentos práticos, avaliados em ambientes apropriados.

§ 3º - Para exame dos conhecimentos práticos a que refere o parágrafo anterior, as Instituições credenciadas poderão estabelecer parcerias, convênios ou consórcios com Instituições especializadas no preparo profissional, escolas técnicas, empresas e outras adequadamente aparelhadas.

Art. 9º - O Poder Público divulgará, periodicamente, a relação das Instituições credenciadas, recredenciadas e os cursos ou programas autorizados.

Art. 10 - As Instituições de ensino que já oferecem cursos a distância deverão, no prazo de um ano da vigência deste Decreto, atender às exigências nele estabelecidas.

Art. 11 - Fica delegada competência ao Ministro de Estado da Educação e do Desporto, em conformidade ao estabelecimento nos art. 11 e 12 do Decreto-Lei nº 200 de 25 de fevereiro de 1967, para promover os atos de credenciamento de que trata o § 1º do art. 80 da Lei nº 9.394, de 20 de dezembro de 1996, das Instituições vinculadas ao sistema federal de ensino e das Instituições de educação profissional e de ensino superior demais sistemas.

Art. 12 - Fica delegada competência às autoridades integrantes dos demais sistemas de ensino de que trata o art. 80 da Lei 9.394, para promover os atos de credenciamento de Instituições localizadas no âmbito de suas respectivas atribuições, para oferta de cursos a distância dirigidos à educação de jovens e adultos e ensino médio.

Art. 13 - Este Decreto entra em vigor na data de sua publicação.

Brasília, 10 de fevereiro de 1998,
117º dia da Independência e 110º da República.
Fernando Henrique Cardoso
Paulo Renato Souza

ANEXO 9

RESOLUÇÃO cp N.º 1, DE 30 DE SETEMBRO DE 1999[*]

Dispõe sobre os Institutos Superiores de Educação, considerando os Art. 62 e 63 da Lei 9.394/96 e o Art. 9º, § 2º, alíneas "c" e "h" da Lei 4.024/61, com a redação dada pela Lei 9.131/95

O Presidente do Conselho Nacional de Educação, no uso de suas atribuições legais e tendo em vista o disposto na Lei 9.131, de 25 de novembro de 1995, e ainda o Parecer cp 115/99, homologado pelo Senhor Ministro de Estado da Educação em 3 de setembro de 1999,

RESOLVE:

Art. 1º - Os institutos superiores de educação, de caráter profissional, visam à formação inicial, continuada e complementar para o magistério da educação básica, podendo incluir os seguintes cursos e programas:

I - curso normal superior, para licenciatura de profissionais em educação infantil e de professores para os anos iniciais do ensino fundamental;
II - cursos de licenciatura destinados à formação de docentes dos anos finais do ensino fundamental e do ensino médio;
III - programas de formação continuada, destinados à atualização de profissionais da educação básica nos diversos níveis;
IV - programas especiais de formação pedagógica, destinados a portadores de diploma de nível superior que desejem ensinar nos anos finais do ensino fundamental ou no ensino médio, em áreas de conhecimento ou disciplinas de sua especialidade, nos termos da Resolução cne nº 2/97;

---

[*] cne. Resolução cp 1/99. Diário Oficial da União, Brasília, dia de mês de 1999. Seção 1, p. 50.

V - formação pós-graduada, de caráter profissional, voltada para a atuação na educação básica.

§ 1º - Os cursos e programas dos institutos superiores de educação observarão, na formação de seus alunos:

I - a articulação entre teoria e prática, valorizando o exercício da docência;

II - a articulação entre áreas do conhecimento ou disciplinas;

III - o aproveitamento da formação e experiências anteriores em instituições de ensino e na prática profissional;

IV - a ampliação dos horizontes culturais e o desenvolvimento da sensibilidade para as transformações do mundo contemporâneo.

§ 2º - Observado o disposto no parágrafo 1º deste artigo, o curso normal superior, os cursos de licenciatura e os programas especiais de formação pedagógica dos institutos superiores de educação serão organizados e atuarão de modo a capacitar profissionais aptos a:

I - conhecer e dominar os conteúdos básicos relacionados às áreas de conhecimento que serão objeto de sua atividade docente, adequando-os às necessidades dos alunos;

II - compreender e atuar sobre o processo de ensino-aprendizagem na escola e nas suas relações com o contexto no qual se inserem as instituições de ensino;

III - resolver problemas concretos da prática docente e da dinâmica escolar, zelando pela aprendizagem dos alunos;

IV - considerar, na formação dos alunos da educação básica, suas características socioculturais e psicopedagógicas;

V - sistematizar e socializar a reflexão sobre a prática docente.

Art. 2º - Visando assegurar a especificidade e o caráter orgânico do processo de formação profissional, os institutos superiores de educação terão projeto institucional próprio de formação de professores, que articule os projetos pedagógicos dos cursos e integre:

I - as diferentes áreas de fundamentos da educação básica;
II - os conteúdos curriculares da educação básica;
III - as características da sociedade de comunicação e informação.

Art. 3º - Os institutos superiores de educação poderão ser organizados:

I - como instituto superior propriamente dito, ou em faculdade, ou em faculdade integrada ou em escola superior, com direção ou coordenação do conjunto das licenciaturas ministradas;
II - como unidade de uma universidade ou centro universitário, com direção ou coordenação do conjunto das licenciaturas ministradas;
III - como coordenação única de cursos ministrados em diferentes unidades de uma mesma instituição.
Parágrafo único. Em qualquer hipótese, os institutos superiores de educação contarão com uma instância de direção ou coordenação, formalmente constituída, a qual será responsável por articular a formulação, execução e avaliação do projeto institucional de formação de professores, base para os projetos pedagógicos específicos dos cursos.

Art. 4º - Os institutos superiores de educação contarão com corpo docente próprio apto a ministrar, integradamente, o conjunto dos conteúdos curriculares e a supervisionar as atividades dos cursos e programas que ofereçam.
§ 1º - O corpo docente dos institutos superiores de educação, obedecendo ao disposto no Art. 66 da LDB, terá titulação pós-graduada, preferencialmente em área relacionada aos conteúdos curriculares da educação básica, e incluirá, pelo menos:
I - 10% (dez por cento) com titulação de mestre ou doutor;
II - 1/3 (um terço) em regime de tempo integral;
III - metade com comprovada experiência na educação básica.
§ 2º - Corpo docente próprio, nas hipóteses previstas nos incisos I e II do Art. 3º da presente Resolução, é aquele constituído:
a) por professores contratados pelo instituto ou nele lotados;
b) por professores cedidos por outras instituições, ou unidades da mesma instituição, desde que o convênio ou termo de cessão,

conforme o caso, assegure regime de trabalho e efetiva vinculação pedagógica do docente ao instituto.

§ 3º - Corpo docente próprio, na hipótese prevista no inciso III do Art. 3º da presente Resolução, é aquele constituído:

a) pelos docentes contratados ou lotados nas unidades de ensino que ministrem cursos de licenciatura e que atuem nestes cursos;

b) pelos professores cedidos às unidades de ensino que ministrem cursos de licenciatura e que atuem nestes cursos.

§ 4º - Em quaisquer das hipóteses previstas no art. 3º da presente Resolução, o contrato ou lotação ou, ainda, o convênio ou termo de cessão dos docentes deverá prever o tempo a ser necessariamente dedicado à orientação da prática de ensino e à participação no projeto pedagógico.

Art. 5º - O corpo docente dos institutos superiores de educação, articulado por instância de direção ou coordenação, participará, em seu conjunto, da elaboração, execução e avaliação dos respectivos projetos pedagógicos específicos.

Art. 6º - O curso normal superior, aberto a concluintes do ensino médio, deverá preparar profissionais capazes de:

I - na formação para a educação infantil, promover práticas educativas que considerem o desenvolvimento integral da criança até seis anos, em seus aspectos físico, psico-social e cognitivo-lingüístico;

II - na formação para o magistério dos anos iniciais do ensino fundamental, conhecer e adequar os conteúdos da língua portuguesa, da matemática, de outras linguagens e códigos, do mundo físico e natural e da realidade social e política, de modo a assegurar sua aprendizagem pelos alunos a partir de seis anos.

§ 1º - A formação mencionada nos incisos I e II do *caput* deste artigo poderá oferecer, a critério da instituição, a preparação específica em áreas de atuação profissional, tais como:

I - cuidado e educação em creches;

II - ensino em classes de educação infantil;

III - atendimento e educação inclusiva de portadores de necessidades educativas especiais;

IV - educação de comunidades indígenas;

V - educação de jovens e adultos equivalente aos anos iniciais do ensino fundamental.

§ 2º - A duração do curso normal superior será de no mínimo 3.200 horas, computadas as partes teórica e prática.

§ 3º - A conclusão de curso normal superior dará direito a diploma de licenciado com habilitação para atuar na educação infantil ou para a docência nos anos iniciais do ensino fundamental.

§ 4º - É permitida mais de uma habilitação mediante complementação de estudos.

§ 5º - Os concluintes em curso normal de nível médio, com pelo menos 3.200 horas de duração, terão assegurado o aproveitamento de estudos para efeito de atendimento do mínimo estabelecido no § 2º deste artigo até o limite de 800 horas.

§ 6º - A escolha dos estudos a serem aproveitados terá como referência o currículo do curso normal superior da instituição.

Art. 7º - Os cursos de licenciatura dos institutos superiores de educação, destinados à docência nos anos finais do ensino fundamental e no ensino médio, estarão abertos a concluintes do ensino médio, observado o disposto nos parágrafos 1º e 2º do art. 1º desta Resolução.

§ 1º - Os cursos referidos no *caput* deste artigo serão organizados em habilitações polivalentes ou especializadas por disciplina ou área de conhecimento.

§ 2º - A duração dos cursos de licenciatura será de no mínimo 3.200 horas-aula, computadas as partes teórica e prática.

§ 3º - A conclusão do curso de licenciatura referido no *caput* deste artigo dará direito a diploma de licenciado para a docência nos anos finais do ensino fundamental e no ensino médio, com a habilitação prevista.

Art. 8º - Os programas de formação continuada estarão abertos a profissionais da educação básica nos diversos níveis, sendo organizados de modo a permitir atualização profissional.

§ 1º - Os programas de formação continuada para professores terão duração variável, dependendo de seus objetivos e das características dos profissionais neles matriculados.

§ 2º - A conclusão de programa de formação continuada dará direito a certificado.

Art. 9º - O curso normal superior e os demais cursos de licenciatura incluirão obrigatoriamente parte prática de formação, com duração mínima de 800 horas, oferecida ao longo dos estudos, vedada a sua oferta exclusivamente ao final do curso.

§ 1º - A parte prática da formação será desenvolvida em escolas de educação básica e compreenderá a participação do estudante na preparação de aulas e no trabalho de classe em geral e o acompanhamento da proposta pedagógica da escola, incluindo a relação com a família dos alunos e a comunidade.

§ 2º - Para fins de satisfação do mínimo de 800 horas da parte prática da formação poderão ser incorporadas, pelos alunos que exerçam atividade docente regular na educação básica, as horas comprovadamente a ela dedicadas.

Art. 10 - Compete aos institutos superiores de educação, no que diz respeito à parte prática:

I - instituir mecanismos para entendimentos com os sistemas de ensino, tendo em vista assegurar o desenvolvimento da parte prática da formação em escolas de educação básica;

II - organizar a parte prática da formação com base no projeto pedagógico da escola em que vier a ser desenvolvida;

III - supervisionar a parte prática da formação, preferencialmente através de seminários multidisciplinares.

IV - considerar na avaliação do aluno o seu desempenho na parte prática, ouvida a escola na qual esta foi desenvolvida.

Art. 11 - As universidades e centros universitários decidirão, no gozo das prerrogativas de sua autonomia, pelo estabelecimento de institutos superiores de educação em seu interior ou pela manutenção dos cursos de licenciatura que ministram.

Art. 12 - A autorização, quando couber, e o reconhecimento de licenciaturas, inclusive dos cursos normais superiores, dependem de projeto pedagógico específico para cada curso, articulados ao projeto institucional de formação de professores, atendendo aos termos do art. 2º da presente Resolução.

Parágrafo único. Os cursos de licenciatura, quando já autorizados ou reconhecidos, terão o prazo máximo de quatro anos, contados da data da publicação da presente Resolução, para atender ao disposto no *caput* deste artigo.

Art. 13 - Os cursos de licenciatura que não sejam ministrados por universidades dispõem do prazo de até quatro anos, contados da data da publicação da presente Resolução, para serem incorporados a institutos superiores de educação.

Art. 14 - Os programas de formação continuada ficam dispensados de autorização de funcionamento e de reconhecimento periódico.

Art. 15 - Os programas especiais de formação pedagógica referidos no inciso IV do art. 1º, ministrados por instituto superior de educação, obedecerão ao disposto na Resolução CNE nº 2/97.

Art. 16 - No prazo máximo de cinco anos, contados da data da publicação da presente Resolução, serão avaliados os programas de formação pedagógica referidos no inciso IV do art. 1º.

Art. 17 - Os cursos de licenciatura para a formação de professores para a educação básica, inclusive os cursos normais superiores, observarão as respectivas diretrizes curriculares referidas na alínea "c" do parágrafo 2º do art. 9º da Lei 4.024/61, com a redação dada pela Lei 9.131/95.

Parágrafo único. As diretrizes curriculares referidas no *caput* deste artigo observarão os termos do art. 2º da presente Resolução e as diretrizes curriculares para a educação básica, estabelecidas pela Câmara de Educação Básica do Conselho Nacional de Educação.

Art. 18 - Esta Resolução entra em vigor na data de sua publicação, revogadas as disposições em contrário.

Éfrem de Aguiar Maranhão
Presidente do Conselho Nacional de Educação

ANEXO 10

RESOLUÇÃO CNE/CEB Nº 1, DE 5 DE JULHO DE 2000

Estabelece as Diretrizes Curriculares Nacionais para a Educação de Jovens e Adultos

O Presidente da Câmara de Educação Básica do Conselho Nacional de Educação, de conformidade com o disposto no Art. 9º, § 1º, alínea "c", da Lei 4.024, de 20 de dezembro de 1961, com a redação dada pela Lei 9.131, de 25 de novembro de 1995, e tendo em vista o Parecer CNE/CEB 11/2000, homologado pelo Senhor Ministro da Educação em 7 de junho de 2000,

RESOLVE:

Art. 1º - Esta Resolução institui as Diretrizes Curriculares Nacionais para a Educação de Jovens e Adultos a serem obrigatoriamente observadas na oferta e na estrutura dos componentes curriculares de ensino fundamental e médio dos cursos que se desenvolvem, predominantemente, por meio do ensino, em instituições próprias e integrantes da organização da educação nacional nos diversos sistemas de ensino, à luz do caráter próprio desta modalidade de educação.

Art. 2º - A presente Resolução abrange os processos formativos da Educação de Jovens e Adultos como modalidade da Educação Básica nas etapas dos ensinos fundamental e médio, nos termos da Lei de Diretrizes e Bases da Educação Nacional, em especial dos seus artigos 4º, 5º, 37, 38, e 87 e, no que couber, da Educação Profissional.

§ 1º - Estas Diretrizes servem como referência opcional para as iniciativas autônomas que se desenvolvem sob a forma de processos formativos extra-escolares na sociedade civil.

§ 2º - Estas Diretrizes se estendem à oferta dos exames supletivos para efeito de certificados de conclusão das etapas do ensino fundamental e do ensino médio da Educação de Jovens e Adultos.

Art. 3º - As Diretrizes Curriculares Nacionais do Ensino Fundamental estabelecidas e vigentes na Resolução CNE/CEB 2/98 se estendem para a modalidade da Educação de Jovens e Adultos no ensino fundamental.

Art. 4º - As Diretrizes Curriculares Nacionais do Ensino Médio estabelecidas e vigentes na Resolução CNE/CEB 3/98, se estendem para a modalidade de Educação de Jovens e Adultos no ensino médio.

Art. 5º - Os componentes curriculares conseqüentes ao modelo pedagógico próprio da educação de jovens e adultos e expressos nas propostas pedagógicas das unidades educacionais obedecerão aos princípios, aos objetivos e às diretrizes curriculares tais como formulados no Parecer CNE/CEB 11/2000, que acompanha a presente Resolução, nos pareceres CNE/CEB 4/98, CNE/CEB 15/98 e CNE/CEB 16/99, suas respectivas resoluções e as orientações próprias dos sistemas de ensino.

Parágrafo único. Como modalidade destas etapas da Educação Básica, a identidade própria da Educação de Jovens e Adultos considerará as situações, os perfis dos estudantes, as faixas etárias e se pautará pelos princípios de eqüidade, diferença e proporcionalidade na apropriação e contextualização das diretrizes curriculares nacionais e na proposição de um modelo pedagógico próprio, de modo a assegurar:

I - quanto à eqüidade, a distribuição específica dos componentes curriculares a fim de propiciar um patamar igualitário de formação e restabelecer a igualdade de direitos e de oportunidades face ao direito à educação;

II - quanto à diferença, a identificação e o reconhecimento da alteridade própria e inseparável dos jovens e dos adultos em seu processo formativo, da valorização do mérito de cada qual e do desenvolvimento de seus conhecimentos e valores;

III - quanto à proporcionalidade, a disposição e alocação adequadas dos componentes curriculares face às necessidades próprias da Educação de Jovens e Adultos com espaços e tempos nos quais as práticas pedagógicas assegurem aos seus estudantes identidade formativa comum aos demais participantes da escolarização básica.

Art. 6º - Cabe a cada sistema de ensino definir a estrutura e a duração dos cursos da Educação de Jovens e Adultos, respeitadas as diretrizes curriculares nacionais, a identidade desta modalidade de educação e o regime de colaboração entre os entes federativos.

Art. 7º - Obedecidos o disposto no Art. 4º, I e VII da LDB e a regra da prioridade para o atendimento da escolarização universal obrigatória, será considerada idade mínima para a inscrição e realização de exames supletivos de conclusão do ensino fundamental a de 15 anos completos.

Parágrafo único. Fica vedada, em cursos de Educação de Jovens e Adultos, a matrícula e a assistência de crianças e de adolescentes da faixa etária compreendida na escolaridade universal obrigatória ou seja, de sete a quatorze anos completos.

Art. 8º - Observado o disposto no Art. 4º, VII da LDB, a idade mínima para a inscrição e realização de exames supletivos de conclusão do ensino médio é a de 18 anos completos.

§ 1º - O direito dos menores emancipados para os atos da vida civil não se aplica para o da prestação de exames supletivos.

§ 2º - Semelhantemente ao disposto no parágrafo único do Art. 7º, os cursos de Educação de Jovens e Adultos de nível médio deverão ser voltados especificamente para alunos de faixa etária superior à própria para a conclusão deste nível de ensino, ou seja, 17 anos completos.

Art. 9º - Cabe aos sistemas de ensino regulamentar, além dos cursos, os procedimentos para a estrutura e a organização dos exames supletivos, em regime de colaboração e de acordo com suas competências.

Parágrafo único. As instituições ofertantes informarão aos interessados, antes de cada início de curso, os programas e demais componentes curriculares, sua duração, requisitos, qualificação dos professores, recursos didáticos disponíveis e critérios de avaliação, obrigando-se a cumprir as respectivas condições.

Art. 10 - No caso de cursos semipresenciais e a distância, os alunos só poderão ser avaliados, para fins de certificados de conclusão, em exames supletivos presenciais oferecidos por instituições especificamente autorizadas, credenciadas e avaliadas pelo poder público, dentro das competências dos respectivos sistemas, conforme a norma própria sobre o assunto e sob o princípio do regime de colaboração.

Art. 11 - No caso de circulação entre as diferentes modalidades de ensino, a matrícula em qualquer ano das etapas do curso ou do ensino está subordinada às normas do respectivo sistema e de cada modalidade.

Art. 12 - Os estudos de Educação de Jovens e Adultos realizados em instituições estrangeiras poderão ser aproveitados junto às instituições nacionais, mediante a avaliação dos estudos e reclassificação dos alunos jovens e adultos, de acordo com as normas vigentes, respeitados os requisitos diplomáticos de acordos culturais e as competências próprias da autonomia dos sistemas.

Art. 13 - Os certificados de conclusão dos cursos a distância de alunos jovens e adultos emitidos por instituições estrangeiras, mesmo quando realizados em cooperação com instituições sediadas no Brasil, deverão ser revalidados para gerarem efeitos legais, de acordo com as normas vigentes para o ensino presencial, respeitados os requisitos diplomáticos de acordos culturais.

Art. 14 - A competência para a validação de cursos com avaliação no processo e a realização de exames supletivos fora do território nacional é privativa da União, ouvido o Conselho Nacional de Educação.

Art. 15 - Os sistemas de ensino, nas respectivas áreas de competência, são co-responsáveis pelos cursos e pelas formas de exames supletivos por eles regulados e autorizados.

Parágrafo único. Cabe aos poderes públicos, de acordo com o princípio de publicidade:

a) divulgar a relação dos cursos e dos estabelecimentos autorizados à aplicação de exames supletivos, bem como das datas de validade dos seus respectivos atos autorizadores.

b) acompanhar, controlar e fiscalizar os estabelecimentos que ofertarem esta modalidade de educação básica, bem como no caso de exames supletivos.

Art. 16 - As unidades ofertantes desta modalidade de educação, quando da autorização dos seus cursos, apresentarão aos órgãos responsáveis dos sistemas o regimento escolar para efeito de análise e avaliação.

Parágrafo único. A proposta pedagógica deve ser apresentada para efeito de registro e arquivo histórico.

Art. 17 - A formação inicial e continuada de profissionais para a Educação de Jovens e Adultos terá como referência às diretrizes curriculares nacionais para o ensino fundamental e para o ensino médio e as diretrizes curriculares nacionais para a formação de professores, apoiada em:

I - ambiente institucional com organização adequada à proposta pedagógica;

II - investigação dos problemas desta modalidade de educação, buscando oferecer soluções teoricamente fundamentadas e socialmente contextuadas;

III - desenvolvimento de práticas educativas que correlacionem teoria e prática;

IV - utilização de métodos e técnicas que contemplem códigos e linguagens apropriados às situações específicas de aprendizagem.

Art. 18 - Respeitado o Art. 5º desta Resolução, os cursos de Educação de Jovens e Adultos que se destinam ao ensino fundamental deverão obedecer em seus componentes curriculares aos Art. 26, 27, 28 e 32 da LDB e às diretrizes curriculares nacionais para o ensino fundamental.

Parágrafo único. Na organização curricular, competência dos sistemas, a língua estrangeira é de oferta obrigatória nos anos finais do ensino fundamental.

Art. 19 - Respeitado o Art. 5º desta Resolução, os cursos de Educação de Jovens e Adultos que se destinam ao ensino médio deverão obedecer em seus componentes curriculares aos Art. 26, 27, 28, 35 e 36 da LDB e às diretrizes curriculares nacionais para o ensino médio.

Art. 20 - Os exames supletivos, para efeito de certificado formal de conclusão do ensino fundamental, quando autorizados e reconhecidos pelos respectivos sistemas de ensino, deverão seguir o Art. 26 da LDB e as diretrizes curriculares nacionais para o ensino fundamental.

§ 1º - A explicitação desses componentes curriculares nos exames será definida pelos respectivos sistemas, respeitadas as especificidades da educação de jovens e adultos.

§ 2º - A Língua Estrangeira, nesta etapa do ensino, é de oferta obrigatória e de prestação facultativa por parte do aluno.

§ 3º - Os sistemas deverão prever exames supletivos que considerem as peculiaridades dos portadores de necessidades especiais.

Art. 21 - Os exames supletivos, para efeito de certificado formal de conclusão do ensino médio, quando autorizados e reconhecidos pelos respectivos sistemas de ensino, deverão observar os Art. 26 e 36 da LDB e as diretrizes curriculares nacionais do ensino médio.

§ 1º - Os conteúdos e as competências assinalados nas áreas definidas nas diretrizes curriculares nacionais do ensino médio serão explicitados pelos respectivos sistemas, observadas as especificidades da educação de jovens e adultos.

§ 2º - A língua estrangeira é componente obrigatório na oferta e prestação de exames supletivos.

§ 3º - Os sistemas deverão prever exames supletivos que considerem as peculiaridades dos portadores de necessidades especiais.

Art. 22 - Os estabelecimentos poderão aferir e reconhecer, mediante avaliação, conhecimentos e habilidades obtidos em processos formativos extra-escolares, de acordo com as normas dos respectivos sistemas e no âmbito de suas competências, inclusive para a educação profissional de nível técnico, obedecidas as respectivas diretrizes curriculares nacionais.

Art. 23 - Os estabelecimentos, sob sua responsabilidade e dos sistemas que os autorizaram, expedirão históricos escolares e declarações de conclusão, e registrarão os respectivos certificados, ressalvados os casos dos certificados de conclusão emitidos por instituições estrangeiras, a serem revalidados pelos órgãos oficiais competentes dos sistemas.

Parágrafo único. Na sua divulgação publicitária e nos documentos emitidos, os cursos e os estabelecimentos capacitados para prestação de exames deverão registrar o número, o local e a data do ato autorizador.

Art. 24 - As escolas indígenas dispõem de norma específica contida na Resolução CNE/CEB 3/99, anexa ao Parecer CNE/CEB 14/99.

Parágrafo único. Aos egressos das escolas indígenas e postulantes de ingresso em cursos de educação de jovens e adultos, será admitido o aproveitamento destes estudos, de acordo com as normas fixadas pelos sistemas de ensino.

Art. 25 - Esta Resolução entra em vigor na data de sua publicação, ficando revogadas as disposições em contrário.

Francisco Aparecido Cordão
Presidente da Câmara de Educação Básica

ANEXO 11

RESOLUÇÃO CNE/CP Nº 1, DE 18 DE FEVEREIRO DE 2002

Institui Diretrizes Curriculares Nacionais para a Formação de Professores da Educação Básica, em nível superior, curso de licenciatura, de graduação plena.

O Presidente do Conselho Nacional de Educação, de conformidade com o disposto no art. 9º § 2º, alínea "c", da Lei nº 9.131, de 25 de novembro de 1995, e com fundamento no Parecer CNE/CP 09/2001, de 08 de maio de 2001, peça indispensável do conjunto das presentes Diretrizes Curriculares Nacionais.

RESOLVE:

Art. 1º - As Diretrizes Curriculares Nacionais para a Formação de Professores da Educação Básica, em nível superior, em curso de licenciatura, de graduação plena, se constituem em um conjunto de princípios, fundamentos e procedimentos a serem observados na organização institucional e curricular de cada estabelecimento de ensino e aplicam-se a todas as etapas e modalidades de educação básica.

Art. 2º - A organização curricular de cada instituição observará, além do disposto nos artigos 12 e 13 da Lei nº 9.394, de 20 de dezembro de 1996 (LDB), outras formas de orientação inerentes à formação para a atividade docente, entre as quais o preparo para:

I - o ensino visando à aprendizagem do aluno;
II - o acolhimento e o trato da diversidade;

III - o exercício de atividades de enriquecimento cultural;

IV - o aprimoramento em práticas investigativas;

V - a elaboração e a execução de projetos de desenvolvimento dos conteúdos curriculares;

VI - o uso de tecnologias da informação e da comunicação e de metodologias, estratégias e materiais de apoio inovadores;

VII - o desenvolvimento de hábitos de colaboração e de trabalho em equipe.

Art. 3º - A formação de professores que atuarão nas diferentes etapas e modalidades da educação básica observará princípios norteadores desse preparo para o exercício profissional específico, que considerem:

I - a competência como concepção nuclear na orientação do curso;

II - a coerência entre a formação oferecida e a prática esperada do futuro professor, tendo em vista:

a) a simetria invertida, onde o preparo do professor, por ocorrer em lugar similar àquele em que vai atuar, demanda consistência entre o que faz na formação e o que dele se espera;

b) a aprendizagem como processo de construção de conhecimentos, habilidades e valores em interação com a realidade e com os demais indivíduos, no qual são colocados em uso capacidades pessoais;

c) os conteúdos, como meio e suporte para a constituição das competências;

d) a avaliação como parte integrante do processo de formação, que possibilita o diagnóstico de lacunas e a aferição dos resultados alcançados, consideradas as competências a serem constituídas e a identificação das mudanças de percurso eventualmente necessárias.

III - a pesquisa, com foco no processo de ensino e de aprendizagem, uma vez que ensinar requer tanto dispor de conhecimentos e mobilizá-los para a ação como compreender o processo de construção do conhecimento.

Art. 4º - Na concepção, no desenvolvimento e na abrangência dos cursos de formação é fundamental que se busque:

I - considerar o conjunto das competências necessárias à atuação profissional;

II - adotar essas competências como norteadoras, tanto da proposta pedagógica, em especial do currículo e da avaliação, quanto da organização institucional e da gestão da escola de formação.

Art. 5º - O projeto pedagógico de cada curso, considerado o artigo anterior, levará em conta que:

I - a formação deverá garantir a constituição das competências objetivadas na educação básica;

II - o desenvolvimento das competências exige que a formação contemple diferentes âmbitos do conhecimento profissional do professor;

III - a seleção dos conteúdos das áreas de ensino da educação básica deve orientar-se por ir além daquilo que os professores irão ensinar nas diferentes etapas da escolaridade;

IV - os conteúdos a serem ensinados na escolaridade básica devem ser tratados de modo articulado com suas didáticas específicas;

V - a avaliação deve ter como finalidade a orientação do trabalho dos formadores, a autonomia dos futuros professores em relação ao seu processo de aprendizagem e a qualificação dos profissionais com condições de iniciar a carreira.

Parágrafo único. A aprendizagem deverá ser orientada pelo princípio metodológico geral, que pode ser traduzido pela ação-reflexão-ação e que aponta a resolução de situações-problema como uma das estratégias didáticas privilegiadas.

Art. 6º - Na construção do projeto pedagógico dos cursos de formação dos docentes, serão consideradas:

I - as competências referentes ao comprometimento com os valores inspiradores da sociedade democrática;

II - as competências referentes à compreensão do papel social da escola;

III - as competências referentes ao domínio dos conteúdos a serem socializados, aos seus significados em diferentes contextos e sua articulação interdisciplinar;

IV - as competências referentes ao domínio do conhecimento pedagógico;

V - as competências referentes ao conhecimento de processos de investigação que possibilitem o aperfeiçoamento da prática pedagógica;

VI - as competências referentes ao gerenciamento do próprio desenvolvimento profissional.

§ 1º - O conjunto das competências enumeradas neste artigo não esgota tudo que uma escola de formação possa oferecer aos seus alunos, mas pontua demandas importantes oriundas da análise da atuação profissional e assenta-se na legislação vigente e nas diretrizes curriculares nacionais para a educação básica.

§ 2º - As referidas competências deverão ser contextualizadas e complementadas pelas competências específicas próprias de cada etapa e modalidade da educação básica e de cada área do conhecimento a ser contemplada na formação.

§ 3º - A definição dos conhecimentos exigidos para a constituição de competências deverá, além da formação específica relacionada às diferentes etapas da educação básica, propiciar a inserção no debate contemporâneo mais amplo, envolvendo questões culturais, sociais, econômicas e o conhecimento sobre o desenvolvimento humano e a própria docência, contemplando:

I - cultura geral e profissional;

II - conhecimentos sobre crianças, adolescentes, jovens e adultos, aí incluídas as especificidades dos alunos com necessidades educacionais especiais e as das comunidades indígenas;

III - conhecimento sobre dimensão cultural, social, política e econômica da educação;

IV - conteúdos das áreas de conhecimento que serão objeto de ensino;

V - conhecimento pedagógico;

VI - conhecimento advindo da experiência.

Art. 7º - A organização institucional da formação dos professores, a serviço do desenvolvimento de competências, levará em conta que:

I - a formação deverá ser realizada em processo autônomo, em curso de licenciatura plena, numa estrutura com identidade própria;

II - será mantida, quando couber, estreita articulação com institutos, departamentos e cursos de áreas específicas;

III - as instituições constituirão direção e colegiados próprios, que formulem seus próprios projetos pedagógicos, articulem as unidades acadêmicas envolvidas e, a partir do projeto, tomem as decisões sobre organização institucional e sobre as questões administrativas no âmbito de suas competências;

IV - as instituições de formação trabalharão em interação sistemática com as escolas de educação básica, desenvolvendo projetos de formação compartilhados;

V - a organização institucional preverá a formação dos formadores, incluindo na sua jornada de trabalho tempo e espaço para as atividades coletivas dos docentes do curso, estudos e investigações sobre as questões referentes ao aprendizado dos professores em formação;

VI - as escolas de formação garantirão, com qualidade e quantidade, recursos pedagógicos como biblioteca, laboratórios, videoteca, entre outros, além de recursos de tecnologias da informação e da comunicação;

VII - serão adotadas iniciativas que garantam parcerias para a promoção de atividades culturais destinadas aos formadores e futuros professores;

VIII - nas instituições de ensino superior não detentoras de autonomia universitária serão criados Institutos Superiores de Educação, para congregar os cursos de formação de professores que ofereçam licenciaturas em curso Normal Superior para docência multidisciplinar na educação infantil e anos iniciais do ensino fundamental ou licenciaturas para docência nas etapas subseqüentes da educação básica.

Art. 8º - As competências profissionais a serem constituídas pelos professores em formação, de acordo com as presentes Diretrizes, devem ser a referência para todas as formas de avaliação dos cursos, sendo estas:

I - periódicas e sistemáticas, com procedimentos e processos diversificados, incluindo conteúdos trabalhados, modelo de organização, desempenho do quadro de formadores e qualidade da vinculação com escolas de educação infantil, ensino fundamental e ensino médio, conforme o caso;

II - feitas por procedimentos internos e externos, que permitam a identificação das diferentes dimensões daquilo que for avaliado;

III - incidentes sobre processos e resultados.

Art. 9º - A autorização de funcionamento e o reconhecimento de cursos de formação e o credenciamento da instituição decorrerão de avaliação externa realizada no *locus* institucional, por corpo de especialistas direta ou indiretamente ligados à formação ou ao exercício profissional de professores para a educação básica, tomando como referência as competências profissionais de que trata esta Resolução e as normas aplicáveis à matéria.

Art. 10 - A seleção e o ordenamento dos conteúdos dos diferentes âmbitos de conhecimento que comporão a matriz curricular para a formação de professores, de que trata esta Resolução, serão de competência da instituição de ensino, sendo o seu planejamento o primeiro passo para a transposição didática, que visa a transformar os conteúdos selecionados em objeto de ensino dos futuros professores.

Art. 11 - Os critérios de organização da matriz curricular, bem como a alocação de tempos e espaços curriculares se expressam em eixos em torno dos quais se articulam dimensões a serem contempladas, na forma a seguir indicada:

I - eixo articulador dos diferentes âmbitos de conhecimento profissional;
II - eixo articulador da interação e da comunicação, bem como do desenvolvimento da autonomia intelectual e profissional;
III - eixo articulador entre disciplinaridade e interdiscipliaridade;
IV - eixo articulador da formação comum com a formação específica;
V - eixo, articulador dos conhecimentos a serem ensinados e dos conhecimentos filosóficos, educacionais e pedagógicos que fundamentam a ação educativa:,
VI - eixo articulador das dimensões teóricas e práticas.

Parágrafo único. Nas licenciaturas em educação infantil e anos iniciais do ensino fundamental deverão preponderar os tempos dedicados à constituição de conhecimento sobre os objetos de ensino e nas demais licenciaturas o tempo dedicado às dimensões pedagógicas não será inferior à quinta parte da carga horária total.

Art. 12 - Os cursos de formação de professores em nível superior terão a sua duração definida pelo Conselho Pleno, em parecer e resolução específica sobre sua carga horária.

§ 1º - A prática, na matriz curricular, não poderá ficar reduzida a um espaço isolado, que a restrinja ao estágio, desarticulado do restante do curso.

§ 2º - A prática deverá estar presente desde o início do curso e permear toda a formação do professor.

§ 3º - No interior das áreas ou das disciplinas que constituírem os componentes curriculares de formação, e não apenas nas disciplinas pedagógicas, todas terão a sua dimensão prática.

Art. 13 - Em tempo e espaço curricular específico, a coordenação da dimensão prática transcenderá o estágio e terá como finalidade promover a articulação das diferentes práticas, numa perspectiva interdisciplinar.

§ 1º - A prática será desenvolvida com ênfase nos procedimentos de observação e reflexão, visando à atuação em situações contextualizadas, com o registro dessas observações realizadas e a resolução de situações-problema.

§ 2º - A presença da prática profissional na formação do professor, que não prescinde da observação e ação direta, poderá ser enriquecida com tecnologias da informação, incluídos computador e o vídeo, narrativas orais e escritas de professores, produções de alunos, situações simuladoras e estudo de casos.

§ 3º - O estágio obrigatório, a ser realizado em escola de educação básica, e respeitado o regime de colaboração entre os sistemas de ensino, deve ter início desde o primeiro ano e ser avaliado conjuntamente pela escola formadora e a escola campo de estágio.

Art. 14 - Nestas Diretrizes, é enfatizada a flexibilidade necessária, de modo que cada instituição formadora construa projetos inovadores e próprios, integrando os eixos articuladores nelas mencionados:

§ 1º - A flexibilidade abrangerá as dimensões teóricas e práticas, de interdisciplinaridade, dos conhecimentos a serem ensinados, dos que fundamentam a ação pedagógica, da formação comum e específica, bem como dos diferentes âmbitos do conhecimento e da autonomia intelectual e profissional.

§ 2º - Na definição da estrutura institucional e curricular do curso caberá a concepção de um sistema de oferta de formação continuada, que propicie oportunidade de retorno planejado e sistemático dos professores às agências formadoras.

Art. 15 - Os cursos de formação de professores para a educação básica que se encontrarem em funcionamento deverão se adaptar a esta Resolução, no prazo de 02 anos.

§ 1º - Nenhum novo curso será autorizado, a partir da vigência destas normas, sem que o seu projeto seja organizado nos termos das mesmas.

§ 2º - Os projetos em tramitação deverão ser restituídos aos requerentes para a devida adequação.

Art. 16 - O Ministério da Educação, em conformidade com § 1º Art. 8º da LDB, coordenará e articulará em regime de colaboração com o Conselho Nacional de Educação, o Conselho Nacional de Secretários Estaduais de Educação, o Fórum Nacional de Conselhos Estaduais de Educação, a União dos Dirigentes Municipais de Educação e representantes de Conselhos Municipais de Educação e das associações profissionais e científicas, a formulação de proposta de diretrizes para a organização de um sistema federativo de certificação de competência dos professores de educação básica.

Art. 17 - As dúvidas eventualmente surgidas, quanto a estas disposições, serão dirimidas pelo Conselho Nacional de Educação, dos termos do art. 90 da Lei nº 9.394 (LDB).

Art. 18 - O parecer e a resolução referentes à carga horária, previstos no Artigo 12 desta resolução, serão elaborados por comissão bicameral, a qual terá 50 dias de prazo para submeter suas propostas ao Conselho Pleno.

Art. 19 - Esta Resolução entra em vigor na data de sua publicação, revogadas as disposições em contrário.

Brasília, DF, 08 de maio de 2001.
Ulysses de Oliveira Panisset
Presidente

ANEXO 12

RESOLUÇÃO CNE/CEB Nº 2, DE 11 DE SETEMBRO DE 2001.*

Institui Diretrizes Nacionais para a Educação Especial na Educação Básica.

O presidente da Câmara de Educação Básica do Conselho Nacional de Educação, de conformidade com o disposto no Art. 9º § 1º, alínea "c", da Lei 4.024, de 20 de dezembro de 1961, com a redação dada pela Lei nº 9.131, de 25 de novembro de 1995, nos Capítulos I, II e III do Título V e nos Artigos 58 a 60 da Lei 9.394, de 20 de dezembro de 1996, e com fundamento no Parecer CEB/CNE 17/2001, homologado pelo Senhor Ministro de Estado da Educação em 15 de agosto de 2001,

RESOLVE:

Art. 1º - A presente Resolução institui as Diretrizes Nacionais para a educação de alunos que apresentem necessidades educacionais especiais, na Educação Básica, em todas suas etapas e modalidades.

Parágrafo único. O atendimento escolar desses alunos terá início na educação infantil, nas creches e pré-escolas, assegurando-lhes os serviços de educação especial sempre que se evidencie, mediante avaliação e interação com a família e a comunidade, a necessidade de atendimento educacional especializado.

Art 2º - Os sistemas de ensino devem matricular todos os alunos, cabendo às escolas organizarem-se para o atendimento aos educandos com necessidades educacionais especiais, assegurando as condições necessárias para uma educação de qualidade para todos.

(*) *Conselho Nacional de Educação*. Câmara de Educação Básica. Resolução CNE/CEB 2/2001. Diário Oficial da União, Brasília, 14 de setembro de 2001. Seção 1E, p. 39-40.

Parágrafo único. Os sistemas de ensino devem conhecer a demanda real de atendimento a alunos com necessidades educacionais especiais, mediante a criação de sistemas de informação e o estabelecimento de interface com os órgãos governamentais responsáveis pelo Censo Escolar e pelo Censo Demográfico, para atender a todas as variáveis implícitas à qualidade do processo formativo desses alunos.

Art. 3º - Por *educação especial*, modalidade da educação escolar, entende-se um processo educacional definido uma proposta pedagógica que assegure recursos e serviços educacionais especiais, organizados institucionalmente para apoiar, complementar, suplementar e, em alguns casos, substituir os serviços educacionais comuns, de modo a garantir a educação escolar e promover o desenvolvimento das potencialidades dos educandos que apresentam necessidades educacionais especiais, em todas as etapas e modalidades da educação básica.

Parágrafo único. Os sistemas de ensino devem constituir e fazer funcionar um setor responsável pela educação especial, dotado de recursos humanos, materiais e financeiros que viabilizem e dêem sustentação ao processo de construção da educação inclusiva.

Art. 4º - Como modalidade da Educação Básica, a educação especial considerará as situações singulares, os perfis dos estudantes, as características biopsicossociais dos alunos e suas faixas etárias e se pautará em princípios éticos, políticos e estéticos de modo a assegurar:

I - a dignidade humana e a observância do direito de cada aluno de realizar seus projetos de estudo, de trabalho e de inserção na vida social;

II - a busca da identidade própria de cada educando, o reconhecimento e a valorização das suas diferenças e potencialidades, bem como de suas necessidades educacionais especiais no processo de ensino e aprendizagem, como base para a constituição e ampliação de valores, atitudes, conhecimentos, habilidades e competências;

III - o desenvolvimento para o exercício da cidadania, da capacidade de participação social, política e econômica e sua ampliação, mediante o cumprimento de seus deveres e o usufruto de seus direitos.

Art. 5º - Consideram-se educandos com necessidades educacionais especiais os que, durante o processo educacional, apresentarem:

I - dificuldades acentuadas de aprendizagem ou limitações no processo de desenvolvimento que dificultem o acompanhamento das atividades curriculares, compreendidas em dois grupos:

a) aquelas não vinculadas a uma causa orgânica específica;
b) aquelas relacionadas a condições, disfunções, limitações ou deficiências;

II - dificuldades de comunicação e sinalização diferenciadas dos demais alunos, demandando a utilização de linguagens e códigos aplicáveis;

III - altas habilidades/superdotação, grande facilidade de aprendizagem que os leve a dominar rapidamente conceitos, procedimentos e atitudes.

Art. 6º - Para a identificação das necessidades educacionais especiais dos alunos e a tomada de decisões quanto ao atendimento necessário, a escola deve realizar, com assessoramento técnico, avaliação do aluno no processo de ensino e aprendizagem, contando, para tal, com:

I - a experiência de seu corpo docente, seus diretores, coordenadores, orientadores e supervisores educacionais;

II - o setor responsável pela educação especial do respectivo sistema;

III - a colaboração da família e a cooperação dos serviços de Saúde, Assistência Social, Trabalho, Justiça e Esporte, bem como do Ministério Público, quando necessário.

Art. 7º - O atendimento aos alunos com necessidades educacionais especiais deve ser realizado em classes comuns do ensino regular, em qualquer etapa ou modalidade da Educação Básica.

Art. 8º - As escolas da rede regular de ensino devem prever e prover na organização de suas classes comuns:

I - professores das classes comuns e da educação especial capacitados e especializados, respectivamente, para o atendimento às necessidades educacionais dos alunos;

II - distribuição dos alunos com necessidades educacionais especiais pelas várias classes do ano escolar em que forem classificados, de modo que essas classes comuns se beneficiem das diferenças e ampliem positivamente as experiências de todos os alunos, dentro do princípio de educar para a diversidade;

III - flexibilizações e adaptações curriculares, que considerem o significado prático e instrumental dos conteúdos básicos, metodologias de ensino e recursos didáticos diferenciados e processos de avaliação adequados ao desenvolvimento dos alunos que apresentam necessidades educacionais especiais, em consonância com o projeto pedagógico da escola, respeitada a freqüência obrigatória;

IV - serviços de apoio pedagógico especializado, realizado, nas classes comuns, mediante:

a) atuação colaborativa de professor especializado em educação especial;

b) atuação de professores-intérpretes das linguagens e códigos aplicáveis;

c) atuação de professores e outros profissionais itinerantes intra e interinstitucionalmente;

d) disponibilização de outros apoios necessários à aprendizagem, à locomoção e a comunicação.

V - serviços de apoio pedagógico especializado em salas de recursos, nas quais o professor especializado em educação especial realize a complementação ou suplementação curricular, utilizando procedimentos, equipamentos e materiais específicos;

VI - condições para reflexão e elaboração teórica da educação inclusiva, com protagonismo dos professores, articulando experiência e conhecimento com as necessidades/possibilidades surgidas na relação pedagógica, inclusive por meio de colaboração com instituições de ensino superior e de pesquisa;

VII - sustentabilidade do processo inclusivo, mediante aprendizagem cooperativa em sala de aula, trabalho de equipe na escola e constituição de redes de apoio, com a participação da família no processo educativo, bem como de outros agentes e recursos da comunidade;

VIII - temporalidade flexível do ano letivo, para atender às necessidades educacionais especiais de alunos com deficiência mental ou com graves deficiências múltiplas, de forma que possam concluir em tempo maior o currículo previsto para a série/etapa escolar, principalmente nos anos finais do ensino fundamental, conforme estabelecido por normas dos sistemas de ensino, procurando-se evitar grande defasagem idade/série;

IX - atividades que favoreçam, ao aluno que apresente altas habilidades/superdotação, o aprofundamento e enriquecimento de aspectos curriculares, mediante desafios suplementares nas classes comuns, em sala de recursos ou em outros espaços definidos pelos sistemas de ensino, inclusive para conclusão, em menor tempo, da série ou etapa escolar, nos termos do Artigo 24, V, "c", da Lei 9.394/96.

Art. 9º - As escolas podem criar, extraordinariamente, classes especiais, cuja organização fundamente-se no Capítulo II da LDBEN, nas diretrizes curriculares nacionais para a Educação Básica, bem como nos referenciais e parâmetros curriculares nacionais, para atendimento, em caráter transitório, a alunos que apresentem dificuldades acentuadas de aprendizagem ou condições de comunicação e sinalização diferenciadas dos demais alunos e demandem ajudas e apoios intensos e contínuos.

§ 1º - Nas classes especiais, o professor deve desenvolver o currículo, mediante adaptações, e, quando necessário, atividades da vida autônoma e social no turno inverso.

§ 2º - A partir do desenvolvimento apresentado pelo aluno e das condições para o atendimento inclusivo, a equipe pedagógica da escola e a família devem decidir conjuntamente, com base em avaliação pedagógica, quanto ao seu retomo à classe comum.

Art. 10º - Os alunos que apresentam necessidades educacionais especiais e requeiram atenção individualizada nas atividades da vida autônoma e social; recursos, ajudas e apoios intensos e contínuos, bem como adaptações curriculares tão significativas que a escola comum não consiga prover, podem ser atendidos, em caráter extraordinário, em escolas especiais, públicas ou privadas, atendimento esse complementado, sempre que necessário e de maneira articulada, por serviços das áreas de Saúde, Trabalho e Assistência Social.

§ 1º - As escolas especiais, públicas e privadas, devem cumprir as exigências legais similares às de qualquer escola quanto ao seu processo de credenciamento e autorização de funcionamento de cursos e posterior reconhecimento.

§ 2º - Nas escolas especiais, os currículos devem ajustar-se às condições do educando e ao disposto no Capítulo II da LDBEN.

§ 3º - A partir do desenvolvimento apresentado pelo aluno, a equipe pedagógica da escola especial e a família devem decidir conjuntamente quanto à transferência do aluno para escola da rede regular de ensino, com base em avaliação pedagógica e na indicação, por parte do setor responsável pela educação especial do sistema de ensino, de escolas regulares em condição de realizar seu atendimento educacional.

Art. 11 - Recomenda-se às escolas e aos sistemas de ensino a constituição de parcerias com instituições de ensino superior para a realização de pesquisas e estudos de caso relativos ao processo de ensino e aprendizagem de alunos com necessidades educacionais especiais, visando ao aperfeiçoamento desse processo educativo.

Art. 12 - Os sistemas de ensino, nos termos da Lei 10.098/2000 e da Lei 10.172/2001, devem assegurar a acessibilidade aos alunos que apresentem necessidades educacionais especiais, mediante a eliminação de barreiras arquitetônicas urbanísticas, na edificação - incluindo instalações, equipamentos e mobiliário - e nos transportes escolares, bem como de barreiras nas comunicações, provendo as escolas dos recursos humanos e materiais necessários.

§ 1º - Para atender aos padrões mínimos estabelecidos com respeito à acessibilidade, deve ser realizada a adaptação das escolas existentes e condicionada a autorização de construção e funcionamento de novas escolas ao preenchimento dos requisitos de infra-estrutura definidos.

§ 2º - Deve ser assegurada, no processo educativo de alunos que apresentam dificuldades de comunicação e sinalização diferenciadas dos demais educandos, a acessibilidade aos conteúdos curriculares, mediante a utilização de linguagens e códigos aplicáveis, como o sistema Braille e a língua de sinais, sem prejuízo do aprendizado da língua portuguesa, facultando-lhes e às suas famílias a opção pela abordagem pedagógica que julgarem adequada, ouvidos os profissionais especializados em cada caso.

Art. 13 - Os sistemas de ensino, mediante ação integrada com os sistemas de saúde, devem organizar o atendimento educacional especializado a alunos impossibilitados de freqüentar as aulas em razão de tratamento de saúde que implique internação hospitalar, atendimento ambulatorial ou permanência prolongada em domicílio.

§ 1º - As classes hospitalares e o atendimento em ambiente domiciliar devem dar continuidade ao processo de desenvolvimento e ao processo de aprendizagem de alunos matriculados em escolas da Educação Básica, contribuindo para seu retorno e reintegração ao grupo escolar, e desenvolver currículo flexibilizado com crianças, jovens e adultos não matriculados no sistema educacional local, facilitando seu posterior acesso à escola regular.

§ 2º - Nos casos de que trata este Artigo, a certificação de freqüência deve ser realizada com base no relatório elaborado pelo professor especializado que atende o aluno.

Art. 14 - Os sistemas públicos de ensino serão responsáveis pela identificação, análise, avaliação da qualidade e da idoneidade, bem como pelo credenciamento de escolas ou serviços, públicos ou privados, com os quais estabelecerão convênios ou parcerias para garantir o atendimento às necessidades educacionais especiais de seus alunos, observados os princípios da educação inclusiva.

Art. 15 - A organização e a operacionalização dos currículos escolares são de competência e responsabilidade dos estabelecimentos de ensino, devendo constar de seus projetos pedagógicos as disposições necessárias para o atendimento às necessidades educacionais especiais de alunos, respeitadas, além das diretrizes curriculares nacionais de todas as etapas e modalidades da Educação Básica, as normas dos respectivos sistemas de ensino.

Art. 16 - É facultado às instituições de ensino, esgotadas as possibilidades pontuadas nos Artigos 24 e 26 da LDBEN, viabilizar ao aluno com grave deficiência mental ou múltipla, que não apresentar resultados de escolarização previstos no Inciso I do Artigo 32 da mesma Lei, *terminalidade específica* do ensino fundamental, por meio da certificação de conclusão de escolaridade, com histórico escolar que apresente, de forma descritiva, as competências desenvolvidas pelo educando, bem como o encaminhamento devido para a educação de jovens e adultos e para a educação profissional.

Art. 17 - Em consonância com os princípios da educação inclusiva, as escolas das redes regulares de educação profissional, públicas e privadas, devem atender alunos que apresentem necessidades educacionais especiais, mediante a promoção das condições de acessibilidade, a capacitação de recursos humanos, a flexibilização e adaptação do currículo e o encaminhamento para o trabalho, contando, para tal, com a colaboração do setor responsável pela educação especial do respectivo sistema de ensino.

§ 1º - As escolas de educação profissional podem realizar parcerias com escolas especiais, públicas ou privadas, tanto para construir competências necessárias à inclusão de alunos em seus cursos quanto para prestar assistência técnica e convalidar cursos profissionalizantes realizados por essas escolas especiais.

§ 2º - As escolas das redes de educação profissional podem avaliar e certificar competências laborais de pessoas com necessidades especiais não matriculadas em seus cursos, encaminhando-as, a partir desses procedimentos, para o mundo do trabalho.

Art. 18 - Cabe aos sistemas de ensino estabelecer normas para o funcionamento de suas escolas, a fim de que essas tenham as suficientes condições para elaborar seu projeto pedagógico e possam contar com professores capacitados e especializados, conforme previsto no Artigo 59 da LDBEN e com base nas Diretrizes Curriculares Nacionais para a Formação de Docentes da Educação Infantil e dos Anos Iniciais do Ensino Fundamental, em nível médio, na modalidade Normal, e nas Diretrizes Curriculares Nacionais para a Formação de Professores da Educação Básica, em nível superior, curso de licenciatura de graduação plena.

§ 1º - São considerados *professores capacitados* para atuar em classes comuns com alunos que apresentam necessidades educacionais especiais aqueles que comprovem que, em sua formação, de nível médio ou superior, foram incluídos conteúdos sobre educação especial adequados ao desenvolvimento de competências e valores para:

I - perceber as necessidades educacionais especiais dos alunos e valorizar a educação inclusiva;

II - flexibilizar a ação pedagógica nas diferentes áreas de conhecimento de modo adequado às necessidades especiais de aprendizagem;

III - avaliar continuamente a eficácia do processo educativo para o atendimento de necessidades educacionais especiais;

IV - atuar em equipe, inclusive com professores especializados em educação especial.

§ 2º - São considerados *professores especializados em educação especial* aqueles que desenvolveram competências para identificar as necessidades educacionais especiais para definir, implementar, liderar e apoiar a implementação de estratégias de flexibilização, adaptação curricular, procedimentos didáticos pedagógicos e práticas alternativas, adequados ao atendimento das mesmas, bem como trabalhar em equipe, assistindo o professor de classe comum nas práticas que são necessárias para promover a inclusão dos alunos com necessidades educacionais especiais.

§ 3º - Os professores especializados em educação especial deverão comprovar:

I - formação em cursos de licenciatura em educação especial ou em uma de suas áreas, preferencialmente de modo concomitante e associado à licenciatura para educação infantil ou para os anos iniciais do ensino fundamental;

II - complementação de estudos ou pós-graduação em áreas específicas da educação especial, posterior à licenciatura nas diferentes áreas de conhecimento, para atuação nos anos finais do ensino fundamental e no ensino médio;

§ 4º - Aos professores que já estão exercendo o magistério devem ser oferecidas oportunidades de formação continuada, inclusive em nível de especialização, pelas instâncias educacionais da União, dos Estados, do Distrito Federal e dos Municípios.

Art. 19 - As diretrizes curriculares nacionais de todas as etapas e modalidades da Educação Básica estendem-se para a educação especial, assim como estas Diretrizes Nacionais para a Educação Especial estendem-se para todas as etapas e modalidades da Educação Básica.

Art. 20 - No processo de implantação destas Diretrizes pelos sistemas de ensino, caberá às instâncias educacionais da União, dos Estados, do Distrito Federal e dos Municípios, em regime de colaboração, o estabelecimento de referenciais, normas complementares e políticas educacionais.

Art. 21 - A implementação das presentes Diretrizes Nacionais para a Educação Especial na Educação Básica será obrigatória a partir de 2002, sendo facultativa no período de transição compreendido entre a publicação desta Resolução e o dia 31 de dezembro de 2001.

Art. 22 - Esta Resolução entra em vigor na data de sua publicação e revoga as disposições em contrário.

Francisco Aparecido Cordão
Presidente da Câmara de Educação Básica

BIBLIOGRAFIA

BARROS, Samuel Rocha. *Estrutura e funcionamento do ensino de 1º grau*. São Paulo, Francisco Alves, 1982.

CHAGAS, Valnir. *Educação brasileira:* o ensino de 1º e 2º graus. São Paulo, Saraiva, 1982.

CHIAVENATO, Idalberto. *Introdução à teoria geral da administração*. São Paulo, McGraw-Hill, 1983.

CUNHA, Luiz Antônio. "A educação na nova Constituição". In: *Revista Ande*, ano 6, nº 12, 1987, pp. 5-9.

CURY, Roberto Jamil. "A educação e a nova ordem constitucional". In: *Revista Ande*, ano 8, nº 14, 1989.

DEMO, Pedro. *A nova LDB: ranços e avanços*. Campinas, Papirus, 1997.

FAORO, Raymundo. *Assembléia Constituinte: a legitimidade recuperada*. São Paulo, Brasiliense, 1981.

GARCIA, Marília. *O que é Constituinte*. São Paulo, Brasiliense, 1985.

HERKENHOFF, João Batista. *Constituinte e educação*. Petrópolis, Vozes, 1987.

SAVIANI, Dermeval. "Contribuição à elaboração da nova LDB: um início de conversa". In: *Revista Ande*, ano 7, nº 13, 1988, pp. 5-14.

_____. "Análise crítica da organização escolar brasileira através das leis 5.540/68 e 5.692/71". In: *Educação brasileira contemporânea*: organização e funcionamento. Walter Garcia (org.). Rio de Janeiro, McGraw-Hill, 1978, pp. 174-94.

SUANO, Helenir. "A educação nas constituições brasileiras". In: *Escola brasileira: temas e estudos*. Roseli Fischmann (org.) São Paulo, Atlas, 1987, pp. 170-84.

VITA, Álvaro de. *Nossa Constituição*. São Paulo, Ática, 1989.

BIBLIOGRAFIA

BARROS, Manoel Rocha. *Estrutura e funcionamento do ensino de 1º grau*. Porto Alegre, Rondiero-Alves, 1982.

CHAGAS, Valnir. *Educação brasileira: o ensino de 1º e 2º graus*. São Paulo, Saraiva, 1982.

GHIRALDELLI JR. *Historia, metodologia e visão geral da Administração*. São Paulo, M. Oliveira, 1984.

CUNHA, Luiz Alberto. "A educação na nova Constituição". In: *Ande*, Ano 7, nº 12, 1987, pp. 5-9.

CURY, Carlos Jamil. "Educação e Constituinte: conquistas e derrotas". In: *Ande*, ano 5, nº 10, 1986.

DEMO, Pedro. *Investigação e estagnação e Comunidade*. Fortaleza, 1987.

FLORESTAN, Fernando. *Assembléia, destituinte e legislativa educativa*. São Paulo, Brasiliense, 1984.

GARCIA, Walter. *Questões Contraditórias*. São Paulo, Brasiliense, 1985.

NERENHOFF, João Batista. *Constituinte. Um novo Principiar*. Vozes, 1987.

SAVIANI, Dermeval. "Contribuição à elaboração da nova LDB: um inicio de conversa". In: *Revista Ande*, ano 7, nº 13, 1988, pp. 5-14.

_____. "Análise crítica da organização escolar brasileira através das leis n. 5.540/68 e 5.692/71". In: *Educação brasileira contemporânea: organização e funcionamento*. Walter Garcia (org.). Rio de Janeiro, McGraw-Hill, 1978, pp. 121-96.

SERASA, Helena. "A educação nas constituições brasileiras". In: *Escola brasileira: temas e estudos*. Rosely Pedrotti (org.). São Paulo, Atlas, 1987, pp. 103-45.

VITA, Alvaro de. *Sociedade democrática*. São Paulo, Ática, 1988.

Impresso por